Howard Zinn

Amerika, der Terror und der Krieg

HERDER spektrum

Band 5329

Das Buch

Ist Krieg eine wirksame Antwort auf den Terror? Ausgehend vom 11. September fragt Zinn nach den Ursachen und der Legitimität des Krieges gegen Afghanistan. Statt in den Anschlägen primär einen Glaubens- oder Kulturkonflikt zu sehen, sucht er die Gründe für Terror und Gewalt in der realen Politik. Soll die Spirale der Gewalt gestoppt werden, so Zinn, darf die Reaktion auf die Anschläge gerade nicht militärisch geprägt sein. Vielmehr sollten sie Anlass für den Westen sein, seine politischen Strategien einer kritischen Prüfung zu unterziehen.

Zinn lässt keinen Zweifel daran: Auch er hält die Anschläge auf das World Trade Center und das Pentagon für ein terroristisches Verbrechen. Dennoch ist er überzeugt: Wenn die Menschen besser über die Geschichte Amerikas als kriegsführender Nation informiert wären – etwa im Hinblick auf die Informationspolitik der Regierung, die Selbstzensur der Presse oder die Einschränkung der Bürgerrechte in Zeiten des Krieges –, wären sie weitaus zurückhaltender in ihrer Zustimmung zum Krieg.

Die politische und historische Analyse des Autors zerstört den Mythos der legitimen Gewalt eines „an sich" friedliebenden Amerikas. Sie deckt die Mechanismen auf, die den Krieg immer wieder „gesellschaftsfähig" gemacht haben. „Zinn sagt das, was die Friedensbewegung allerorten sagt; aber indem er es als Amerikaner sagt, befreit er speziell die deutsche Friedensbewegung ... von dem absurden Vorwurf, sie sei ‚anti-amerikanistisch'." (Eugen Drewermann).

„Eine Stimme voller Weisheit und ... Integrität" (Noam Chomsky).

Der Autor

Howard Zinn, Historiker und Politologe, ist Professor em. der Boston University. Er ist Autor zahlreicher Bücher, darunter die bereits als Klassiker geltende *A People's History of the United States*. Zu seinen Auszeichnungen gehören der „Lannan Foundation Literary Award" für Essayistik und der „Eugene V. Debs Award" für Schriften und politische Tätigkeit. Howard Zinn lebt mit seiner Frau in Massachusetts.

Howard Zinn

Amerika, der Terror und der Krieg

Aus dem Amerikanischen
von Andrea Schleipen

HERDER
FREIBURG · BASEL · WIEN

Gedruckt auf umweltfreundlichem,
chlorfrei gebleichtem Papier

Titel der amerikanischen Originalausgabe: Terrorism and War
originally published by Seven Stories Press, New York, U.S.A., 2002
Erweiterte deutsche Ausgabe

www.herder.de
Satz: Dtp-Satzservice Peter Huber, Freiburg
Herstellung: fgb · freiburger graphische betriebe 2002
www.fgb.de
Umschlaggestaltung und Konzeption:
R·M·E München / Roland Eschlbeck, Liana Tuchel
Umschlagmotiv: © dpa
ISBN 3-451-05329-2

Anmerkung zum Text

Das Buch stützt sich auf eine Reihe von Interviews, die Anthony Arnove mit Howard Zinn zwischen September 2001 und Ende Januar 2002 in Cambridge und Boston im amerikanischen Bundesstaat Massachusetts, in New York City sowie in Providence, Rhode Island, geführt hat. Arnove überarbeitete die Interviews, die dann vom Autor ergänzt und modifiziert wurden. Im Zuge der Bearbeitung wurden die Anmerkungen und einige Details hinzugefügt.

Ein Teil des 5. Kapitels beruht auf einer Veranstaltung, die Zinn und Arnove gemeinsam im Oktober 2001 im Washingtoner Buchladen „Politics and Prose" abgehalten haben. Ein Passus im 1. Kapitel über den Nahen Osten stützt sich auf ein Interview, das die „Media Education Foundation" im Oktober 2001 an der Boston University durchgeführt hat. Ein Teil der Kapitel 1 und 3 entstammt einem Vortrag, den der Autor im November 2001 in Burlington, Vermont, gehalten hat.

Inhalt

1. 11. September

Was erwidern Sie den Menschen, die für eine militärische Reaktion auf die furchtbaren Anschläge des 11. September eintreten?

Wir müssen Verständnis für den Schmerz und die Wut haben, die die Menschen empfinden. Auch der Ruf nach Bestrafung und Vergeltung ist verständlich. Wir sollten unser Handeln jedoch nicht von der unmittelbaren emotionalen Reaktion leiten lassen. Es sollte sich auf eine durchdachte Einschätzung dessen stützen, wie wir Gewalt zukünftig verhindern können – Gewalt durch Terroristen und Gewalt durch Regierungen.

Die Staatsausgaben von jährlich 300 Milliarden Dollar für das Militär haben nicht die geringste Auswirkung auf die Gefahr des Terrorismus. Wenn wir wirkliche Sicherheit wollen, müssen wir unsere Haltung gegenüber der Welt ändern. Wir müssen aufhören, eine intervenierende Militärmacht zu sein und die Wirtschaft anderer Länder zu beherrschen. In einem Bericht des „Defense Science Board" von 1997 heißt es: „Die historischen Daten zeigen eine hohe Korrelation zwischen einer Verwicklung der Vereinigten Staaten in internationale Angelegenheiten und einem Anstieg terroristischer Übergriffe gegen die Vereinigten Staaten."[1] „Verwicklung" ist ein Euphemismus für militärische und verdeckte Intervention. Überall auf der Welt haben wir riesige Militärstützpunkte. Die Regierung der Vereinigten Staaten dehnt das Netz derzeit rasch aus, und das wird unausweichlich zu Konflikten führen.[2]

Bush bietet uns als Methode zur Terrorismusbekämpfung genau das an, was andere Präsidenten – Reagan, Clinton, also Vertreter beider Parteien – angeboten haben: das Streben nach der Herrschaft über ganze Regionen der Welt. Das Grauen der terroristischen Angriffe, das wir am 11. September durchlebten, ist etwas, das Menschen in anderen Teilen der Welt – Südostasien, Irak, Jugoslawien – infolge unserer Bombenangriffe erfuhren oder infolge eines Terrorismus von Leuten, die wir unterstützt und bewaffnet haben. Diese Erkenntnis könnte auf das Bestreben, an militärischen Lösungen festzuhalten, ernüchternd wirken.

Was erwidern Sie auf das Gefühl, dass wir „etwas tun müssen"?

Man muss etwas tun, dieser Meinung bin ich auch. Das sollte jedoch nicht bedeuten: „Man muss etwas tun – also bombardiert." Ist das denn das Einzige, was man tun kann, wenn man etwas tun muss?

Man zieht in den Krieg, weil man schnell etwas tun will. Man greift zur Gewalt, weil man nicht warten möchte. Man will den Konflikt nicht wirklich austragen. Man möchte seinen Kopf, seine Intelligenz, seine Vorstellungskraft nicht einsetzen. Man will auf die Fähigkeiten verzichten, die den Menschen gegenüber dem Tier auszeichnen.

Angehende Ärzte müssen den Hippokratischen Eid leisten. In einer der ersten Regeln wird der Kandidat aufgefordert, er solle „Schädigung und Unrecht ausschließen". Meines Erachtens ist das ein weiser Rat. Wenn wir Afghanistan bombardieren, bedeutet das jedoch Schädigung und Unrecht. Einige Leute haben behauptet, wir töteten nicht so viele Menschen. Das Pentagon lässt verlauten, es wisse nicht, wie viele Menschen wir töteten. In Wahrheit ist ihm das egal. Man kann der Regierung überhaupt keinen Glauben schenken. Die wenigen Berichte über zivile Opfer, die trotz der Kontrolle der Medien an die Öffentlichkeit dringen, spiegeln nur einen Bruchteil der wirklichen Zahlen wider. Marc Herold hat die Presseberichte aus dem In- und Ausland studiert und kam zum Ergebnis, dass unsere Bombardements bis zum Dezember 2001 mehr als 3700 Menschenleben gefordert haben.[3]

Des Weiteren sollte man die riesige Zahl von Menschen berücksichtigen, die wegen der Bombenangriffe aus ihren Heimatstädten und -dörfern geflohen sind. Ihre Zahl beträgt etwa eine Million. Ein Flüchtlingslager in der Nähe von Herat, das „Schlachthof" (*Maslakh*) genannt wird, ist nach einem Bericht des *Guardian* vom Januar 2002 „Auffangstätte von 350 000 heimatlosen Afghanen, von denen täglich 100 erfrieren oder verhungern". Das Lager stehe „am Rande einer menschlichen Katastrophe im Stile Äthiopiens".[4]

Der Flüchtlingsstrom begann, sobald Bush die Bombardierung ankündigte. Auf einige amerikanische Versprechen kann man zählen, und dieses gehört dazu. Nun sieht man die Bilder von Familien, die zu den Grenzen strömen und so viele ihrer Besitztümer auf dem Rücken oder auf Karren transportieren, wie sie tragen können. Wir terrorisieren Afghanistan. Die Menschen, die in Kabul und anderen afghanischen Städten wohnen, müssen mit der Angst vor unseren Bomben leben. Haben Sie schon mit dieser Angst gelebt? Können Sie sich vorstellen, wie es ist, in einem technologisch unterentwickelten Land zu leben, und diese Monstermaschinen rasen mit ohrenbetäubendem Lärm über Ihren Kopf hinweg und verursachen diese furchtbaren Explosionen?

Es ist nicht angemessen, auf den Terrorismus zu reagieren, indem man andere Menschen terrorisiert. Und darüber hinaus wird es nichts bringen. Man könnte erwidern: „Ja, wir terrorisieren Menschen, aber das ist es wert, denn es wird dem Terrorismus ein Ende setzen." Es bedarf jedoch nicht viel gesunden Menschenverstands, um zu erkennen, dass man dem Terrorismus kein Ende bereiten wird, indem man wahllos Bomben über Afghanistan abwirft. „Wir haben jetzt einige der Trainingslager der Al-Qaida zerstört." Wer soll damit hinters Licht geführt werden? Wie lange braucht man, um ein Trainingslager zu errichten? Wie schwierig ist es, ein Lager von einem Ort an einen anderen zu bewegen?

George Bush hat gesagt, die Vereinigten Staaten würden als Angriffsziel gewählt, weil die Terroristen gegen unsere Freiheiten und die Demokratie seien. Ist das wirklich eine Erklärung für den Hass, der an so vielen Orten gegen die Vereinigten Staaten herrscht?

Es ist zumindest eine erfolgversprechende Möglichkeit, die Ereignisse zu erklären, wenn man die Unterstützung der Öffentlichkeit für den Krieg gewinnen möchte – man sagt, die Sache sei einfach, sie mögen unsere Freiheit nicht, und sie mögen unsere Demokratie nicht. Ich glaube, dass es im Nahen Osten viele Leute gibt, die mehr Freiheit und Demokratie wollen. Aus ihren eigenen Äußerungen geht hervor, dass sich diejenigen, die die Vereinigten Staaten angreifen wollen, nicht dafür interessieren, was wir im Innern tun und wie viel Freiheit wir haben, sondern dafür, was wir im Ausland tun. Sie ärgern sich über die Truppen, die wir in Saudi-Arabien stationiert haben, über die riesige wirtschaftliche und militärische Hilfe, die wir Israel zukommen lassen, über die Aufrechterhaltung unserer Sanktionen gegen den Irak, die das Land verwüstet haben und vielen Menschen Leid zufügen. Sie haben deutlich gemacht, was sie stört.

Diese Themen tauchen immer wieder auf. Der Journalist Robert Fisk hat Osama bin Laden zweimal für den Londoner *Independent* interviewt. Auch wenn bin Laden sich einer religiösen Symbolik und des Islam bedient, zeigt sich in diesen Interviews, dass es die militärische Präsenz amerikanischer Truppen in Saudi-Arabien und unsere Politik in Israel und im Irak sind, die den Grund für seine Wut bilden.[5]

Meines Erachtens gibt es einen einfachen Test, um herauszufinden, ob sich bin Laden für unsere Demokratie und Freiheit interessiert oder für unsere Außenpolitik. Der Test lautet: Auf welcher Seite war Osama bin Laden vor 1990? Also bevor die Vereinigten Staaten Truppen in Saudi-Arabien stationierten, Krieg gegen den Irak führten und Sanktionen gegen den Irak verhängten. Vor 1990 waren wir ebenso demokratisch und liberal im Inland, wie wir es heute sind. Das hat Osama bin Laden aber nicht gestört. Er war auf unserer Seite – und wir waren auf seiner Seite –, als es darum ging, die Regierung Afghanistans unter Kontrolle zu bringen. In Bezug auf Osama bin Laden ist der Wendepunkt ganz klar. Er hat nichts mit Demokratie und Freiheit zu tun.

Er hat mit der amerikanischen Außenpolitik zu tun. Er ist in den Jahren 1990 und 1991 anzusiedeln.

Warum haben die Vereinigten Staaten ein derartiges Interesse am Irak und so viele Truppen im Nahen Osten?

Nun, meines Erachtens kann man sich leicht vorstellen, warum der Nahe Osten für die Vereinigten Staaten so wichtig ist. Man kann die Frage mit einem Wort beantworten: Öl. Zur Zeit des Zweiten Weltkriegs beschloss die amerikanische Regierung, die Großmacht zu sein, die die Kontrolle über die Ölvorkommen im Nahen Osten übernehmen würde. Vor dem Krieg waren England und Frankreich die Großmächte im Nahen Osten. Der Nahe Osten war seit dem 19. Jahrhundert Teil ihrer Kolonialreiche gewesen. Aus dem Krieg gingen die alten Kolonialmächte, England und Frankreich, jedoch deutlich geschwächt hervor, und die Vereinigten Staaten entwickelten sich zur führenden Macht in der Welt. Während des Zweiten Weltkriegs traf sich Franklin D. Roosevelt mit König Ibn Saud von Saudi-Arabien, um dafür zu sorgen, dass amerikanische Unternehmen Zugang zu Saudi-Arabien erhielten.

Man kann alles, was die Vereinigten Staaten im Nahen Osten getan haben, auf das Interesse am Öl zurückführen – und auf die Gewinne, die man mit dem Öl macht. In ihren ehrlichen Momenten werden die Mitglieder der amerikanischen Regierung zugestehen, dass es ihnen in Wahrheit darum geht. Und in ihren noch ehrlicheren Momenten werden Kommentatoren, die normalerweise hinter der amerikanischen Politik stehen, das Gleiche sagen. Ich erinnere mich daran, dass

Thomas Friedman, Kolumnist der *New York Times*, vor dem Golfkrieg Folgendes geschrieben hat:

> Die Vereinigten Staaten haben nicht Truppen in die saudische Wüste geschickt, um die demokratischen Prinzipien zu verteidigen. Die saudische Monarchie ist ein Feudalregime, das den Frauen nicht einmal das Autofahren erlaubt. Die amerikanische Politik besteht sicher nicht darin, die Welt *safe for feudalism* zu machen. Hier geht es um Geld, um den Schutz von Regierungen, die Amerika gegenüber loyal sind, und die Bestrafung derer, die es nicht sind. Und es geht darum, wer den Ölpreis bestimmt ... Öl ist das wichtigste Gut für die Industrie, und die Versorgung mit Öl zu einem vernünftigen Preis betrachtet man als wesentlich für das Wirtschaftswachstum – nicht nur in den Vereinigten Staaten, sondern auch in Westeuropa, Japan und der ganzen Welt.[6]

Daher haben die Vereinigten Staaten die Politik verfolgt, auf der einen Seite eine sehr enge Beziehung zu Israel, auf der anderen eine enge Beziehung zu den ölproduzierenden Staaten aufrechtzuerhalten – um sie so gegeneinander auszuspielen, dass die Vereinigten Staaten die beherrschende Macht im Nahen Osten sein können.

Können wir aus dem 11. September etwas lernen?

Wir müssen über diese furchtbare Sache nachdenken, die am 11. September geschehen ist. Wir sollten mit den Opfern und ihren Familien tiefstes Mitgefühl empfinden. Aber wir sollten auch daraus lernen. Wir müssen über die Trauer, die Wut und die Angst hinausgehen, um etwas daraus zu lernen. Eines der Dinge, die wir lernen sollten, ist das Verständnis dafür, was Menschen in allen Teilen der Welt durchleiden und durchlitten haben. Wir müssen das ebenso klar und lebendig und mit ebenso starken Emotionen sehen, wie wir die Fernsehbilder vom World Trade Center gesehen haben.

Wir müssen unsere Definition von Terrorismus erweitern. Andernfalls werden wir eine Form von Terrorismus verurteilen und eine andere akzeptieren. Und wir müssen in der Welt Bedingungen schaffen, in denen der Terrorismus von Sekten und der Terrorismus von Regierungen von den Menschen in aller Welt verurteilt werden. Terrorismus ist ein internationales Phänomen. Amerikanische Bürger sind nicht die einzigen Opfer des Terrorismus. Man hört die Journalisten und Politiker von der Globalisierung und dem freien Fluss der Märkte sprechen. Aber sie sprechen nicht über die internationale Solidarität der Menschen. Sie sagen nicht, dass wir die Menschen überall als unsere Brüder und Schwestern betrachten sollten – dass wir die Kinder in aller Welt als unsere Kinder ansehen sollten.

Wenn ich sage, dass wir versuchen sollten, den Terrorismus zu erklären und zu verstehen, heißt das nicht, ihn zu rechtfertigen. Aber wenn man nicht versucht, etwas zu erklären, wird man nie etwas lernen. Wir müssen graben, um herauszufinden, was die Wurzel dieser grauenhaften Tat ist, denn die Wurzel ist noch etwas anderes als irrationale Mordlust. Ja, der 11. September wurde durch einen mörderischen Fanatismus motiviert, aber die Leute, die die Tat ausführten, waren nicht einfach Verrückte, keine Amokläufer, die jeden in Reichweite umbringen. Terrorismus ist etwas anderes.

Hinter dem Fanatismus liegt etwas verborgen, etwas, das die Grundüberzeugung dieser Terroristen prägt und das auch zur Grundüberzeugung von Millionen anderer Menschen in der Welt gehören könnte, die keine Terroristen sind, die jedoch Wut auf die Vereinigten Staaten empfinden. Diese Menschen sind nicht fanatisch genug, um Amerikaner zu töten, nur weil sie sich über unsere Politik ärgern; sie wären allerdings dazu in der Lage, wenn wir noch mehr tun, was sie verärgert. Man könnte sagen, es gibt einen Vorrat an potentiellen Terroristen unter den Menschen in der Welt, die unter der amerikanischen Außenpolitik zu leiden hatten. Das sollte uns zu denken geben.

Wir müssen unsere Politik überdenken und fragen, in welcher Weise wir das Image der Vereinigten Staaten im Nahen Osten ändern sollten – und in vielen anderen Teilen der Welt. Das Image der Vereinigten Staaten ist nicht das einer friedlichen Nation. Wir haben Truppen in der ganzen Welt. Wir haben Kriegsschiffe in allen Weltmeeren. Wir müssen darüber nachdenken, wie wir das Image der Vereinigten Staaten neu gestalten können, und zwar nicht nur, um ein anderes Image zu haben. Hier geht es nicht nur um Öffentlichkeitsarbeit. Es kann nicht nur das Image verändert werden, ohne die Wirklichkeit unserer Politik zu verändern.

Einiges können wir sofort tun, um diesen Prozess in Gang zu bringen. Man könnte die Truppen aus Saudi-Arabien abziehen, die nicht nur Osama bin Laden, sondern den Menschen im Nahen Osten ein Dorn im Auge sind. Die Menschen dort mögen es nicht, dass die Vereinigten Staaten in der Nähe von Mekka und Medina militärisch präsent sind. Man könnte die Sanktionen aufheben, die im Irak so viel Leid verursachen. Und man könnte Israel gegenüber entschlossen und klar auftreten. Die amerikanische Regierung sollte ihre Macht, die sie bisher dazu eingesetzt hat, Israel zu bewaffnen – und natürlich auch dazu, die arabischen Staaten zu bewaffnen; wir statten jeden mit Waffen aus –, dazu einsetzen, die Behandlung der Palästinenser durch Israel zu ändern.

Wir müssen unser Denken wirklich revolutionär verändern. Wir dürfen nicht mehr meinen, die Vereinigten Staaten müssten eine Supermacht sein. Schweden hat keine Angst vor Terroristen. Dänemark, Holland, Neuseeland haben auch keine Angst. In vielen Gegenden der Welt kümmert man sich nicht um Terroristen. Diese Länder haben nicht überall Truppen, sie haben nicht überall Kriegsschiffe, sie stören andere Menschen nicht, sie intervenieren nicht. Sie haben keine Vergangenheit umfassender militärischer Zerstörung und Intervention. Wir sollten eine bescheidenere Nation werden.

Wenn wir uns dazu entscheiden sollten, eröffnen sich zahlreiche Möglichkeiten. Man stelle sich vor, was man mit den 350 Milliarden Dollar, die wir jährlich dafür ausgeben, eine militärische Supermacht zu sein, tun könnte, um Menschen zu helfen, um AIDS zu bekämpfen, um Menschen mit Nahrung zu versorgen, um Menschen gegen Krankheiten zu impfen. Wir könnten die enormen finanziellen Mittel, die frei würden, wenn wir nicht länger eine Militärmacht wären, einsetzen, um eine kostenlose Gesundheitsversorgung für alle, bezahlbaren Wohnraum für alle und Hilfe für Menschen in anderen Teilen der Welt zu bezahlen.

Ein unlängst veröffentlichter Bericht der Weltgesundheitsorganisation kommt zum Ergebnis, dass für 101 Milliarden Dollar pro Jahr für medizinische Grundlagenforschung und ärztliche Versorgung in den ärmeren Ländern der Welt acht Millionen Menschenleben jährlich gerettet werden könnten.[7] Diese Summe für Gesundheitsversorgung auszugeben, würde zu unserer Sicherheit beitragen. Bombenangriffe tragen nicht zu unserer Sicherheit bei.

Nach dem 11. September forderte und erhielt das Pentagon eine bedeutende Erhöhung des Militärhaushalts. Außerdem erhielt Bush die Zustimmung dafür, die Steuern von Unternehmen und Reichen noch weiter zu kürzen. Welche Auswirkungen wird das auf die Sozialausgaben haben?

Es ist höchst interessant, dass die Demokratische Partei trotz ihrer Kritik an der Bush-Regierung und trotz ihrer Nachbesserungen an den Steuergesetzen der Regierung, die immer geringfügig waren, kein entschlossenes und klares Programm hatte, das sich der Bedürfnisse des Volkes annahm. Und die Ansätze eines Programms, die es gegeben hat, sind inzwischen verschwunden.

Die Regierung behauptet, sich für die Rechte und Bedürfnisse der Menschen zu interessieren, aber sie interessiert sich nicht für sie im Ausland, und sie interessiert sich nicht für sie im Inland. Das ist eine historische Feststellung. Ich erinnere mich daran, dass der Schriftsteller Arthur Miller während des Vietnamkriegs von Präsident Johnson ins Weiße Haus eingeladen wurde. Er wies die Einladung zurück und schickte stattdessen ein Telegramm mit den Worten: „Wenn die Kanonen Konjunktur haben, sterben die Künste."[8] Nicht nur die Künste sterben, sondern auch die Menschen. Nicht nur Menschen im Ausland, sondern auch Menschen im Inland. Die Säuglingssterblichkeit in den Vereinigten Staaten gehört zu den höchsten der Industrienationen, und jetzt wird sie wahrscheinlich noch weiter steigen.

Die normale Situation der Vorkriegszeit, in der der Reichtum an der Spitze konzentriert war, während die Bedürfnisse von Zigmillionen Menschen nicht befriedigt wurden, wird sich infolge des Krieges noch verschärfen. Dem Wirtschaftswissenschaftler Edward Wolff zufolge verfügt schon jetzt das reichste Prozent der Bevölkerung über 38 Prozent des Privatvermögens. „Wenn wir das Kriterium enger fassen und nur das finanzielle Vermögen betrachten", schreibt er, „so besaß das reichste Prozent der Haushalte 47 Prozent des Gesamtvermögens." Diese Aussage bezieht sich auf 1998, das letzte Jahr, für das Zahlen verfügbar sind. Das ist der höchste Anteil der letzten 70 Jahre, und die Steuersenkungen werden im Verein mit der Rezession und den erhöhten Rüstungsausgaben die Ungleichheit noch steigern.[9]

In der letzten Zeit wurde oft vom Zweiten Weltkrieg gesprochen, vor allem von Analogien mit Pearl Harbor.

Man missbraucht die Geschichte, wenn man eine Analogie zieht, die die Leute sofort auf die eigene Seite bringt, die nicht genau darüber nachdenken. Man sagt: „Der 11. September ist wie Pearl Harbor. Da wir wegen Pearl Harbor in den Krieg gezogen sind, müssen wir jetzt in den Krieg ziehen." Nun, ist der 11. September wirklich wie Pearl Harbor? Gibt es eine bestimmte Nation, die uns angegriffen hat und die nach einem

Gegenangriff aufhören wird, uns anzugreifen? Gibt es eine Nation, die ihre Macht ausdehnt, wie Hitler seine Macht in Europa ausgedehnt hat? Heute haben wir eine andere Situation. Die jetzige Situation ist einzigartig, und sie muss in ihrer Einzigartigkeit diskutiert werden.

Mit dem Krieg in Afghanistan reagieren die Vereinigten Staaten nicht zum ersten Mal militärisch auf den Terrorismus. Welche Auswirkungen hatte das in der Vergangenheit?

Nach den Anschlägen auf die amerikanischen Botschaften in Kenia und Tansania schickte Clinton, der demokratische Präsident, sofort Bomber in den Sudan und nach Afghanistan – denn irgendwen muss man ja bombardieren. Clinton erklärte, er habe im Sudan eine Einrichtung bombardieren lassen, die Nervengas produzierte. Die Behauptung entpuppte sich als eine glatte Lüge. Es stellte sich heraus, dass es sich bei der Einrichtung um eine Fabrik handelte, die Medikamente für die halbe Bevölkerung des Sudans herstellte.[10] Wir können kaum abschätzen, wie viele Menschen infolge der Bombardierung dieser Fabrik sterben mussten.

Sandy Berger, einer von Clintons Beratern, verkündete zur Zeit der Bombenangriffe auf den Sudan im Fernsehen, die Fabrik produziere chemische Kampfstoffe. Kürzlich wurde in der Sendung *Frontline* des Kanals PBS, einer der wenigen Fernsehsendungen, die gelegentlich einen anderen Blick auf die Dinge zeigt, ein Interview mit Berger ausgestrahlt. In *Frontline* hieß es, die Regierung habe seinerzeit behauptet, eine Fabrik für chemische Kampfstoffe bombardiert zu haben, obwohl es sich in Wirklichkeit um eine pharmazeutische Fabrik gehandelt hatte. Berger meinte dazu: „Möglicherweise gab es vereinzelt Leute, die sagten, das Lager habe [chemische Kampfstoffe] produziert."[11] Dann zeigte *Frontline* die Aufnahme eines Regierungssprechers, der auf einer Pressekonferenz genau das sagte. Der Sprecher war Sandy Berger.

Die Bombenangriffe auf Afghanistan und den Sudan hatten keine Auswirkung auf den terroristischen Angriff, der sich am 11. September ereignete, außer dass sie ihn vielleicht provoziert haben.

In einem Aufsatz mit dem Titel „Gerechter und ungerechter Krieg" haben Sie geschrieben: „So etwas wie einen gerechten Krieg gibt es nicht".[12] *Wie sind Sie zu diesem Schluss gekommen? Sie haben nicht immer so gedacht.*

Nein, zu diesem Schluss bin ich aufgrund meiner Erfahrungen im Zweiten Weltkrieg gelangt. Nicht inmitten dieser Erfahrungen, sondern hinterher, als ich über den Krieg nachgedacht habe, der nach den Begriffen der Theorie des gerechten Krieges am ehesten als gerechter Krieg eingestuft werden könnte. Die Aussicht darauf, dass die Welt vom Faschismus beherrscht würde, war grauenerregend. Der Zweite Weltkrieg hatte alle Eigenschaften eines gerechten Krieges und die Zustimmung einer überwältigenden Mehrheit der Bevölkerung, von ganz links bis ganz rechts. Nicht alle Linken waren für den Krieg – die „Socialist Workers Party" etwa, von der einige Mitglieder wegen ihrer Ablehnung des Krieges inhaftiert wurden, war gegen ihn –, wohl aber ihre beherrschenden Fraktionen, die Kommunistische Partei und die liberale Linke.

Da mich das Gefühl beschlich, dieser Krieg könnte als nicht gerecht betrachtet werden, musste die Ablehnung des Krieges als ernsthafte Möglichkeit überdacht werden. Ich kam zum Schluss, dass wir in der Menschheitsgeschichte an einen Punkt gelangt waren, an dem es wahrscheinlich nicht mehr möglich war, einen gerechten Krieg zu führen, weil die übermächtige Technologie der modernen Kriegführung unvermeidlich die Ermordung einer großen Zahl von Menschen einschließt. Die Mittel überwältigen jedes Ziel, das man sich vorstellen kann, wie wichtig es auch im jeweiligen Moment erscheinen mag. Selbst der Sturz eines Tyrannen oder die Verhinderung von Aggression werden durch das Grauen der Mittel aufgewogen.

Ferner sollte man sich Folgendes verdeutlichen: Gewiss ist, dass die im Krieg angewandten Mittel Grauen nach sich ziehen, ungewiss dagegen immer, ob man das Ziel, wie wichtig es auch sein mag, erreichen wird. Das heißt, der Krieg setzt immer eine Kette von Ereignissen in Gang, die unvorhersehbar sind. Im Zweiten Weltkrieg konnte man nicht gewiss sein, dass man den Faschismus besiegen würde. Es war vielleicht einigermaßen sicher, dass Hitler und Mussolini besiegt werden konnten; aber es konnte keine Gewissheit darüber bestehen, dass alle Elemente des Faschismus, der Militarismus, der Rassismus, der Imperialismus und die Gewalt, beseitigt würden. Tatsächlich wurde das trotz der 50 Millionen Toten nicht erreicht. Als ich über diese Fragen und die Aussichten für die Menschheit angesichts der furchtbaren Kriegstechnologie nachdachte, gelangte ich zur Überzeugung, dass es keinen Krieg mehr geben wird, der als gerecht gelten kann. Ich meine, dass wir gegenüber jedem Problem, jeder Tyrannei, jeder weltpolitischen Lage, jedem Akt der Aggression zu einer Lösung kommen müssen, die nicht den Massenmord an Menschen bedeutet.

Natürlich erwächst daraus eine Schwierigkeit. In Bezug auf den Zweiten Weltkrieg kommt immer die Frage auf: „Was hätten Sie getan?" Es ist schwer, eine Antwort darauf zu entwickeln, aber sie muss mit den Sätzen beginnen: „Ich würde keine Lösung akzeptieren, die einen Massenmord beinhaltet. Ich würde versuchen, einen anderen Weg zu finden." Die Alternative besteht nicht in Passivität, die Alternative besteht nicht in Hinnahme, sondern die Alternative besteht im Widerstand ohne Krieg. Sie umfasst Untergrundbewegungen, Streiks, Generalstreiks, passivem Widerstand. Selbst Hitler ist im Zweiten Weltkrieg auf erfolgreichen Widerstand getroffen, den Frauen in Dänemark, Norwegen und Deutschland selbst gegen die Deportation ihrer jüdischen Ehemänner geleistet haben. Diese Möglichkeiten des Widerstands sind keine Garantie für eine friedliche Lösung, weil die Kräfte der Unterdrückung immer stark sind. Aber die Mittel entsprechen eher dem Ziel, zumal es sich um Mittel handelt, die nicht von Regierungen, sondern von den Völkern ergriffen werden, was sehr wichtig ist. Wenn das Volk Widerstand leistet, ist das Erreichen des Ziels wahrscheinlicher als im Fall einer Kontrolle durch die Regierung.

Nehmen wir als Beispiel den Krieg, der angeblich mit dem Ziel geführt wurde, die Bevölkerung des Kosovo vor Slobodan Milosevic zu retten. Auch in diesem Krieg lässt sich ein moralisches Element entdecken. Was aber haben die Vereinigten Staaten und die NATO im Verlauf des Krieges getan? Sie haben mehr Schaden, mehr Flüchtlinge und mehr Tote verursacht, als es zuvor gegeben hatte. Sie haben Jugoslawien bombardiert und Zivilisten getötet. Da es sich nicht vermeiden lässt, dass der Krieg keine Unterschiede macht, kommen auch Unschuldige ums Leben. Die Politiker geben das sogar zu. Sie sagen: „Ja, es werden unschuldige Menschen getötet, aber das ist Pech." Das sagen auch die Terroristen. Und das hat auch der Oklahoma-Attentäter Timothy McVeigh gesagt.

Als Timothy McVeigh darauf angesprochen wurde, dass bei dem Bombenattentat in Oklahoma City auch Kinder ihr Leben lassen mussten, sagte er, bei ihnen handele es sich um „Kollateralschäden".[13] Er gebrauchte die gleiche Sprache, derer sich die amerikanische Regierung im Golfkrieg bediente, in dem er Soldat gewesen war. Kollateralschaden bedeutet jedoch immer, dass Menschen sterben. Die Menschen, die in New York starben, sind für die Terroristen Kollateralschäden, und die Menschen, die in den Bombenangriffen auf Afghanistan starben, sind für unsere Regierung ebenfalls Kollateralschäden.

Der Ausdruck „gerechter Krieg" ist in sich widersprüchlich. Krieg ist von Natur aus ungerecht, und die große Herausforderung unserer Zeit ist es, wie wir mit dem Bösen, der Tyrannei und der Unterdrückung umgehen, ohne eine große Zahl von Menschen zu töten.

Wie stehen Sie einem „Präventivkrieg", wie ihn etwa Präsident Bush in Bezug auf den Irak und Saddam Hussein proklamiert, gegenüber?

Das Konzept eines Präventivkriegs ist prinzipiell unmoralisch und zu verurteilen. Da ein Krieg unvermeidlich Menschen großen Schaden zufügt, ist ein Präventivkrieg, der nur auf die Möglichkeit hin geführt wird, dass ein Staat eine Bedrohung darstellen könnte, unsinnig. Mit anderen Worten, es ist sicher, dass man unmoralische Gewalt ausübt, während es unsicher ist, was passieren könnte, wenn man keine Gewalt ausübt. In der heutigen Situation, in der Präsident Bush mit einem Präventivschlag gegen den Irak und möglicherweise auch gegen andere Staaten gedroht hat, ist dieses Konzept besonders erschreckend, wenn man das Ungleichgewicht zwischen der militärischen Macht der Vereinigten Staaten und der des Irak bedenkt. Es gibt keine Hinweise darauf – und die Regierung Bush hat auch keine gegeben –, dass der Irak eine Bedrohung für andere Staaten darstellt. Selbst wenn es eine potenzielle Bedrohung gäbe, ist das kein Grund, einen Krieg gegen den Irak zu führen, der zweifellos den Mord an einer großen Zahl von Zivilisten mit sich brächte. Die Opfer müsste man denen hinzufügen, die schon der Golfkrieg 1991 und die von den Amerikanern aufrecht erhaltenen Sanktionen gekostet haben. Die Vereinigten Staaten sprechen ständig von „Massenvernichtungswaffen", um den Leuten Angst zu machen, damit sie einem präventiven Krieg zustimmen. Es gibt allerdings keine Hinweise darauf, dass der Irak eine größere Anzahl derartiger Waffen besitzt. Der Amerikaner, der zwischen 1991 und 1998 die Delegation der Vereinten Nationen zur Kontrolle des irakischen Waffenarsenals geleitet hat, sagt, das Arsenal sei in jener Zeit größtenteils zerstört worden. Nichts deutet darauf hin, dass es seither eine nennenswerte Aufrüstung gegeben hätte. Außerdem hat der Vorwurf der Vereinigten Staaten etwas Heuchlerisches, denn kein Land der Welt besitzt mehr Massenvernichtungswaffen als die USA, und kein Land hat derartige Waffen – von Hiroshima bis Afghanistan – grausamer gegen die Zivilbevölkerung eingesetzt. Man könnte sich vorstellen, wie eine Supermacht auf einem anderen Planeten argumentiert, man solle einen präventiven Krieg gegen die Vereinigten Staaten führen, weil sie so oft Massenvernichtungswaffen eingesetzt haben.

Würden Sie sich selbst als Pazifisten bezeichnen?

Ich habe mich nie einen Pazifisten genannt, weil es auf etwas Absolutes hindeutet, und ich stehe Absoluta skeptisch gegenüber. Ich glaube, es kann Situationen geben, in denen ein begrenzter, gezielter Akt der Gewalt gegen etwas ungeheuer Böses gerechtfertigt sein mag. Selbst überzeugte Pazifisten wie Gandhi und Martin Luther King waren dieser Meinung.

Das Thema des Pazifismus ist interessant. Scott Simon vom „National Public Radio" hat am 11. Oktober einen Kommentar im *Wall Street Journal* veröffentlicht, der den Titel trug: „Selbst Pazifisten müssen diesen Krieg befürworten". Simon, ein Quäker, schrieb: „Die amerikanischen Pazifisten haben jetzt keine vertretbare Alternative dazu, den Krieg zu unterstützen." Zur Rechtfertigung des Krieges versuchte er sich darauf zu berufen, dass Pazifisten Selbstverteidigung, die in einem gezielten Widerstand gegen einen unmittelbaren Angriff besteht, befürworten. Der Begriff „Selbstverteidigung" umfasst jedoch nicht den Abwurf von Bomben auf dicht besiedelte Wohngebiete, bei dem Menschen ums Leben kommen, die nicht mit dem Angreifer identisch sind. Und man kann ihn nicht anwenden, wenn keine Aussicht besteht, dass diese Handlung die Welt weniger gewalttätig macht.[14]

Wie haben wir einen Terrorismus zu bewerten, der von Leuten durchgeführt wird, die Widerstand gegen unmittelbare Unterdrückung leisten, beispielsweise gegen militärische Besetzung oder gegen Enteignung?

Meines Erachtens ist Terrorismus auch dann nicht gerechtfertigt, wenn das Ziel gerecht ist. Die Forderungen der Palästinenser sind gerecht, aber terroristische Akte der Palästinenser sind nicht gerechtfertigt, weder in moralischer noch in pragmatischer Hinsicht. Erstens halte ich es nicht für gerechtfertigt, einen Sprengsatz auf einem Markt oder in einer Diskothek zu zünden und unschuldige Menschen zu töten, auch wenn es für ein gerechtes Ziel geschieht. Zweitens ist in pragmatischer Hinsicht festzustellen, dass dem Terrorismus – oder eher den Menschen, die er zu repräsentieren vorgibt – unweigerlich mit Terrorismus erwidert wird. Wir haben das in Israel und Palästina gesehen. Wir haben gesehen, wie die Israelis mit massiver Gewalt auf Autobomben geantwortet haben. Der Kreislauf wiederholt sich seit vielen Jahren.

Ich erinnere mich an ein Gespräch mit Eqbal Ahmad, der zu Lebzeiten einer der schärfsten Beobachter der Guerillabewegungen und Kämpfe in der Dritten Welt sowie ein auffallend weiser Mensch war. Er sprach sich entschieden gegen den Terrorismus aus. In einem Buch mit Interviews, die David Barsamian mit ihm geführt hat, sagt er: „Man löst keine gesellschaftlichen Probleme durch individuelle Gewalttaten. Soziale Probleme fordern gesellschaftliche und politische Mobilisierung."[15]

2. Die Suche nach einer gemeinsamen Basis

Die Befürworter des Krieges in Afghanistan behaupten, er habe die Welt sicherer gemacht. Es scheint jedoch, als werde der Krieg die Welt eher gefährlicher machen.

Bush muss behaupten, der Krieg habe die Welt sicherer gemacht. Andernfalls gäbe es keine Rechtfertigung für die Zerstörungen, die wir in Afghanistan angerichtet haben. Die Zerstörungen wurden sowohl von der Regierung wie auch von der Presse verharmlost und verschleiert, aber meines Erachtens kann kein Zweifel daran bestehen, dass wir die Welt nicht sicherer gemacht haben.

Am 20. Dezember 2001 hat die *New York Times* nach all den Zerstörungen zugestanden: „Nahezu die gesamte Führungsriege der Taliban hat die amerikanische Bombardierung überlebt und konnte sich der Gefangennahme durch die von Amerika unterstützten afghanischen Streitkräfte entziehen."[16]

Man sagt, „Wir werden den Terrorismus ausradieren", aber es gibt keine Hinweise darauf, dass dieses Ziel erreicht worden wäre. Die Regierung Bush hat selbst gesagt, Al-Qaida habe Zellen in vielen Ländern. Sie verkündet das Ziel, bin Laden zu jagen, dann richten sich alle Blicke auf ihn. Aber bin Laden kann nicht aufgefunden werden. Dann sagt die Regierung, sie verfolge die Führer der Taliban. Aber die Führer der Taliban sind nicht zu fassen. Die Regierung hat also nicht einmal ihre eigenen Ziele erreicht – die Führer der Taliban oder die von Al-Qaida oder bin Laden zu fassen.

Meines Erachtens müssen wir außerdem zugeben, dass diese Ziele fragwürdig sind, denn selbst wenn sie erreicht würden, besteht das Ergebnis wahrscheinlich nicht im Ende des Terrorismus. Daher scheitert die Regierung von ihrem eigenen Standpunkt aus, von ihren eigenen Zielen her. Und vom Standpunkt eines Menschen aus, der sich eher für die Bedürfnisse der Menschen als für Machtpolitik interessiert, ist das, was in Afghanistan passiert ist, eine Gräueltat.

Ferner müssen wir auf die Gefahr hinweisen, dass die Vereinigten Staaten, die in Afghanistan keine Ziele mehr haben, es in Erwägung ziehen, militärisch gegen den Irak vorzugehen. Einige Mitglieder der Regierung Bush erörtern auch die Möglichkeit eines Krieges gegen Länder wie Somalia und Syrien. Ich habe bemerkt, dass sie die Türkei und Saudi-Arabien nicht erwähnen. Es gibt eine genaue Trennlinie zwischen denen, die wir angreifen, und denen, die wir nicht angreifen. Die Trennlinie hat nichts damit zu tun, in welchen Ländern sich Terroristen aufhalten könnten. Die Trennlinie hat nur damit zu tun, welche Länder wir noch nicht unter Kontrolle haben. Länder, die wir kontrollieren, wie die Türkei und Saudi-Arabien, können so viele Terroristen beherbergen, wie sie wollen. Wir werden sie in anderen Ländern suchen.

Der Vorteil der Strategie einer Ausdehnung des Krieges und eines Sieges im „Krieg gegen den Terrorismus" besteht darin, dass sie der Regierung einen beständigen Krieg und eine beständige Atmosphäre der Unterdrückung verschafft. Und sie sorgt für beständige Profite in den Unternehmen. Aber sie wird die Welt weit instabiler und gefährlicher machen.

Wenn die Vereinigten Staaten den Krieg von Afghanistan auf den Irak ausdehnen, wird das katastrophale Auswirkungen auf die amerikanischen Beziehungen zur arabischen Welt und zu den Moslems haben. Denn man wird erkennen, dass die Vereinigten Staaten die Gewalt nicht auf Afghanistan beschränken. Alle Versicherungen Bushs, wir hätten nichts gegen den Islam, werden unglaubwürdig, wenn wir andere Länder angreifen. Und wir werden andere Länder mit der gleichen Unterschiedslosigkeit und den gleichen furchtbaren Auswirkungen angreifen, wie wir sie in Afghanistan gesehen haben.

Ich glaube, die amerikanische Öffentlichkeit hat die Erklärungen der Regierung Bush, dass dieser Krieg kein Ende habe, noch nicht recht begriffen. Die Menschen müssen fragen: „Wollen wir, dass unsere Kinder und Enkelkinder im Zustand eines ständigen Krieges leben, in dessen Verlauf die Welt uns immer mehr zum Feind wird und die Vereinigten Staaten für immer mehr Opfer auf der Welt verantwortlich werden?"

Die Antikriegsbewegung war in diesem Krieg schwach. Die Zahl von Stimmen, die sich gegen den Krieg zu Wort gemeldet haben, war ziemlich gering.

Ein Problem ist darin zu erblicken, dass es keine landesweite Antikriegsbewegung gibt, wie es sie während des Vietnamkriegs und in geringerem Maße während des Golfkriegs gegeben hat. Heute haben wir eine Art dezentralisierte Antikriegsbewegung. Die Tatsache, dass sie dezentralisiert ist und kein nationales Zentrum hat, bedeutet, dass es zwar Hunderte und Aberhunderte von Aktionen gegen den Krieg gegeben hat, dass ihnen aber wenig Aufmerksamkeit zuteil wurde.

Ich weiß nicht, wie viele Aktionen genau stattgefunden haben. Ich kann nur sagen, dass überall, wo ich in den Vereinigten Staaten hinkomme – und ich bin seit dem 11. September und seit dem Beginn der Angriffe auf Afghanistan viel gereist –, eine beträchtliche Zahl von Menschen gegen den Krieg ist.

Unlängst habe ich aus Missoula, Montana, eine E-Mail über eine dortige Demonstration gegen den Krieg erhalten. *Associated Press* berichtete: „Etwa 100 Personen sind in die Innenstadt von Missoula gezogen … und haben friedliche Alternativen zu den Militärschlägen gefordert."[17] Wenn eine Demonstration gegen den Krieg in einer kleinen, abgelegenen Stadt wie Missoula veranstaltet wird, so dürfte es in jedem Bundesstaat, in jeder Stadt und in jedem Dorf Kriegsgegner geben.

Die Presse hat über die Opposition gegen den Krieg sehr schlecht berichtet. Aus diesem Grund kommt den Linken mehr Verantwortung dafür zu, Informationen darüber zu verbreiten, was die Menschen im Land tun und sagen. Kürzlich habe ich eine weitere E-Mail über eine Antikriegsdemonstration im Rockefeller Center erhalten.[18] Sie wissen, dass das Rockefeller Center zur Weihnachtszeit ein festlicher Ort ist. Es ist erfüllt vom Geist der Feiertage und großartig geschmückt – zum diesjährigen Weihnachtsfest auch mit amerikanischen Fahnen usw. –, aber die Menschen haben Flugblätter gegen den Krieg verteilt und Reden gehalten. Die Zuhörer haben offenbar freundlich reagiert, und die Demonstranten hörten sogar aufmunternde Zurufe.

Welchen Einfluss hatten Leute wie der Jurist Richard Falk, der gegen so viele der militärischen Interventionen Amerikas eingetreten ist, den Krieg in Afghanistan aber als „gerechten Krieg" bezeichnet hat?

Ich bin sicher, dass Richard Falks Ambivalenz hinsichtlich des Krieges – ich spreche von Ambivalenz, weil er seine Meinung mehrmals geändert hat – von vielen Linken geteilt wird.[19] Auf jeden Fall wird sie von der Redaktion der Zeitschrift *The Nation* geteilt, die einige seiner Artikel über den Krieg veröffentlicht hat.

Leute, die über einen begrenzten militärischen Gegenschlag sprechen, wissen meiner Ansicht nach nicht, dass militärische Aktionen keine eingebauten Grenzen haben, oder sie haben es vergessen. Die natürliche Tendenz von Militäraktionen besteht darin, so weit wie möglich zu gehen und dabei alle Möglichkeiten des Vernichtungsarsenals auszuschöpfen. Wir haben gesehen, dass die Militäraktionen seit dem Zweiten Weltkrieg immer bis an den Rand eines Atomkriegs gingen. Unsere Regierung hat den Einsatz von Atomwaffen mehrmals in Erwägung gezogen.

Ich glaube auch, dass Einschüchterung ein Faktor gewesen ist. Man möchte nicht gerne glauben, dass Linke sich einschüchtern lassen, aber wir können alle davon betroffen sein. Wenn in allen Fernsehsendungen dem Krieg das Wort geredet wird und Flaggen geschwenkt werden, bleibt das nicht ohne Wirkung.

Ferner scheinen einige Linke durch die Statistik eingeschüchtert worden zu sein, der zufolge 90 Prozent der Amerikaner für den Krieg waren. Die Linken versuchen in vielen ihrer schwächeren Momente, sich bei der Öffentlichkeit einzuschmeicheln. Dafür gibt es einleuchtende Gründe: Die Linken sollten nicht sektiererisch sein und sich nicht isolieren. Dieser Grundsatz ist hier angemessen. Meines Erachtens ist es richtig zu sagen: „Lasst uns herausfinden, wo die Mehrheit der Bevölkerung steht, auch wenn wir der Meinung sind, dass die Mehrheit Unrecht hat. Lasst uns herausfinden, wo die Mehrheit steht, und lasst uns sehen, auf welche Weise wir eine gemeinsame Basis mit dem Volk finden können." Ich bin allerdings der Meinung, dass eine gemeinsame Basis nicht auf der Hinnahme von etwas beruhen sollte, das wir für falsch halten. Es gibt Wege, eine gemeinsame Basis mit jenen 90 Prozent der Bevölkerung zu finden, ohne die Bombenangriffe auf Afghanistan befürworten zu müssen.

Eine gemeinsame Basis können wir in einem universellen Mitgefühl finden, an dessen Existenz ich glaube. Wir können der amerikanischen Öffentlichkeit die Informationen über die Opfer unserer Angriffe liefern, die sie derzeit nicht bekommt. Wir können das auf die Titelseite bringen, was auf der letzten Seite der *New York Times* stand – die genauen, markerschütternden Berichte von Journalisten, die in afghanischen Dörfern und Krankenhäusern vor Ort waren. Sie erzählen von Kindern, die Arme, Beine und Augen verloren haben, von schwer verwundeten Menschen, von Dorfbewohnern, die 30 oder 40 Menschen begraben haben. Wenn wir diese drastischen Berichte über die menschlichen Auswirkungen des Krieges der amerikanischen Öffentlichkeit präsentieren, wird sie davon bewegt sein müssen. Schließlich war sie von dem bewegt, was den Menschen in New York passiert ist, weil es auf der Titelseite war.

Die Bilder der Opfer in Afghanistan sind nicht so plastisch präsentiert worden wie das menschliche Leiden, das durch den Angriff auf das World Trade Center verursacht wurde. Menschen sterben, nur weil sie zufällig in afghanischen Dörfern in der Nähe von vage definierten „militärischen Zielen" leben. Das ist selbst eine Form von Terrorismus, aber sie wird uns nicht plastisch geschildert.

Die Opfer unserer Bombenangriffe in Afghanistan sind nicht auf die gleiche Weise menschlich dargestellt worden, wie die *New York Times* die Opfer des 11. September in der täglichen Spalte mit dem Titel „Portraits in Grief" menschlich dargestellt hat. Monatelang hat die *New York Times* täglich getan, was immer getan werden sollte,wenn eine Tragödie statistisch zusammengefasst wird: Sie hat kurze Porträts der Menschen gezeichnet, die in den Anschlägen des 11. September ums Leben gekommen sind – ihre Namen, Fotos von ihnen, ihre Vorlieben, ihre Eigenarten, die Erinnerungen derer, die sie liebten. Der Präsident der New York Historical Society, Kenneth Jackson, hat über diese Spalte der *New York Times* gesagt:

> Ihre Besonderheit bestand darin, Zahlen, die für die meisten von uns unvorstellbar sind, ein menschliches Antlitz zu verleihen ... Wenn man die individuellen Porträts über Liebesaffären oder den Abschiedskuss für die Kinder oder ein Fußballtraining oder den Kauf eines Traumhauses liest ... wird ganz deutlich, dass jeder von ihnen eine Person war, die es verdient hätte, ein ganzes, erfolgreiches und glückliches Leben zu leben. Es wird deutlich, was verloren wurde.[20]

Als ich die Porträts – mit Titeln wie „A Friend, A Sister" oder „Laughter, Win Or Lose" – las, war ich tief bewegt.[21] Wie hätte die Geschichte ausgesehen, wenn diejenigen, die den grässlichen Tod der Menschen im World Trade Center und im Pentagon als einen Schlag gegen die Symbole der amerikanischen Macht gefeiert haben, diese Menschen nicht als Symbole gesehen hätten, sondern als Menschen, von Angesicht zu Angesicht? Ich frage mich, ob sie nicht anders gefühlt hätten, ob sie nicht noch einmal nachgedacht hätten.

Und wie sähe die Geschichte aus, wenn all die Leute, die Bushs „Krieg gegen den Terrorismus" öffentlich befürworten, die wirklichen Menschen sähen, die durch unsere Bomben ums Leben kommen, und nicht nur die Medienbilder von Osama bin Laden und den Al-Qaida-Mitgliedern? Was, wenn sie mehr über die zahlreichen menschlichen Tragödien in Afghanistan erführen – die Namen der Toten, Bilder der zerstörten Dörfer, Worte eines Vaters, der seine Kinder verloren hat, und das Alter der Kinder? Ich glaube, sie würden noch einmal nachdenken. Im Gegensatz zu den Fanatikern in Washington und in anderen Städten der Vereinigten Staaten, die – wie ihre Gegenspieler in der ganzen Welt – bereit sind, für irgendein Ziel zu töten, würden die meisten Amerikaner einsehen, dass der Krieg, den wir derzeit führen, ein Krieg gegen ganz normale Männer, Frauen und Kinder ist – vor allem, wenn sie die Geschichten der Menschen in Afghanistan erführen.

Ferner glaube ich, dass es eine gemeinsame Basis gibt, wenn wir deutlich machen, dass wir dasselbe Ziel haben, nämlich den Terrorismus zu beseitigen. Wir müssen deutlich zwischen diesem Ziel einerseits und andererseits unserer Ablehnung der Mittel sowie der Behauptung der Regierung unterscheiden, die Bombardierung Afghanistans werde den Terrorismus beseitigen. Man wird meines Erachtens eine gemeinsame Basis finden, wenn man den Leuten sagt: „Ja, wir müssen den Terrorismus beseitigen. Aber wir sollten gründlich darüber nachdenken, auf welche Weise. Wir sollten nicht einfach wütend zurückschlagen."

Eine weitere gemeinsame Basis könnte sich eröffnen, wenn man auf die Familien einiger Überlebender und einiger Opfer des 11. September hinweist, die hervorgetreten sind und gesagt haben: „Wir wollen keine Rache." Am 8. Oktober war im *Wall Street Journal* eine interessante Überschrift zu lesen: „Viele Verwandte der Opfer fühlen sich unwohl, befürchten, dass Unschuldige durch Gegenschlag sterben". Der Artikel führte ein Zitat von Charles Christophe an, dessen Frau am 11. September getötet wurde: „Wenn ich die Möglichkeit hätte, würde ich gerne den Tod weiterer unschuldiger Menschen verhindern." Orlando und Phyllis Rodriguez verloren am 11. September ihren 31-jährigen Sohn. Sie meinten: „Nichts kann den Schmerz und den Verlust auslöschen, mit dem wir leben müssen, und anderen Schmerz zuzufügen, wird es nur noch schlimmer machen."[22]

Meiner Ansicht nach haben die meisten Leute den Krieg befürwortet, weil sie hofften, er werde auf irgendeine Weise wirksam dazu beitragen, den Terrorismus zu beseitigen. Aber ich glaube, die Vorstellung, dass Rache die Grundlage unserer Politik bildet, würde sie anwidern.

Vor kurzem habe ich folgende Geschichte von einem Mann gehört, den ich in North Carolina getroffen habe.

Es handelt sich um einen Schriftsteller namens David Potorti, dessen Bruder im World Trade Center ums Leben kam. Potorti beteiligte sich am 2. Dezember 2001 an einem Marsch von Familien der Opfer von Washington, D.C., nach New York. Die Teilnehmer des Marsches wollten ihrer Überzeugung Ausdruck verleihen, dass man anstatt zu Rache zu menschlicheren Lösungen des Terrorismusproblems greifen solle. Die *New York Times* druckte ein Foto ab, auf dem Potorti und anderen Teilnehmern des Marsches zu sehen waren, ohne zu erklären, dass es sich um einen Protest gegen den Krieg handelte. Daraufhin schickte Potorti einen Leserbrief an die *New York Times*, in dem er schrieb:

> Die *Times* hat zwar unsere Anwesenheit bei einer „Mahnwache" korrekt dargestellt, aber die Plakate, die wir trugen, nicht gezeigt und nicht erwähnt, dass die Mahnwache der Abschluss eines achttägigen Marsches für Versöhnung und Frieden war … Unser Motiv und das unserer Mitmarschierer bestand in der Suche nach Alternativen zum Krieg als Antwort auf unsere persönlichen und nationalen Tragödien. Ihr Fotograf hat zwar gute Arbeit geleistet, aber wir sind nicht nach New York gekommen, um uns fotografieren zu lassen. Wir sind gekommen, um ein Ende des Krieges in Afghanistan zu fordern.

Die *New York Times* hat den Brief nicht abgedruckt, sondern nur eine Bemerkung, die Bildunterschrift habe „das Ereignis unvollständig beschrieben", da nicht erwähnt worden sei, dass es „das Ende eines achttägigen Friedensmarsches" markiert habe.[23]

Die Organisation „Global Exchange" aus San Francisco hat dazu beigetragen, dass einige Verwandte der Opfer des 11. September nach Afghanistan reisen konnten. Auf dieser Reise lernten Leute, die ihnen teure Menschen verloren hatten, Afghanen kennen, die Familienmitglieder in den amerikanischen Bombenangriffen verloren hatten. Rita Lasar, deren Bruder im World Trade Center umgekommen war, traf auf einen Mann namens Amin Said, dessen Bruder zwei Monate später von einer irrtümlich über Kabul abgeworfenen Bombe getroffen worden war. Er sagte zu ihr: „Er war Ihr Bruder, aber er war auch mein Bruder. Wir sind alle Brüder und Schwestern."[24]

Ein wichtiges Thema ist auch die Tatsache, dass der Krieg die Bedürftigkeit vieler Menschen in den Vereinigten Staaten in den Hintergrund gerückt hat. Unlängst sind einige Berichte über die Zahl hungernder Menschen und unterernährter Kinder in diesem Land erschienen. Die *New York Times* hat festgestellt, dass „infolge steigender Arbeitslosigkeit und gleichbleibend hoher Mieten die Städte im ganzen Land eine neue und plötzliche Welle von Obdachlosigkeit [erleben]. Die Notunterkünfte sind überbelegt, und dieses Jahr schlafen mehr Menschen auf dem Fußboden schäbiger Obdachlosenunterkünfte, in Autos oder auf der Straße."[25] Die von der demokratischen und republikanischen Bundesgesetzgebung auf fünf Jahre begrenzte Finanzierungsgarantie für die Unterstützung bedürftiger Familien läuft aus. All das wird durch den Krieg verdeckt.

Wir müssen den Kriegsschutt wegräumen und deutlich machen, dass die Regierung Bush den Krieg als Deckmantel benutzt, um die Einkommensschere in den Vereinigten Staaten noch weiter auseinanderklaffen zu lassen und den Unternehmen Gewinne zu bescheren, während sie den Problemen des größten Teils der Bevölkerung keine Aufmerksamkeit schenkt. Meines Erachtens ist die Klassenfrage, der Blick auf die Vergünstigungen für Unternehmen, entscheidend. Man schaue sich einmal das Programm *economic stimulus package* zur so genannten Anregung der Wirtschaft an. Das Wort „Anregung" bleibt mir immer im Halse stecken. Wer wird dadurch angeregt? Für General Motors ist es sehr anregend, aber für den Rest des Landes ist es deprimierend, wenn IBM, General Motors und Ford eine Steuererleichterung in Höhe von 70 Milliarden Dollar gewährt wird.[26]

Meines Erachtens reagieren die Menschen unmittelbar auf die Frage wirtschaftlicher Gerechtigkeit. Gerade habe ich mit Seymour Melman von der Columbia University telefoniert, der vor kurzem ein bemerkenswert optimistisches Buch mit dem Titel *After Capitalism* veröffentlicht hat.[27] Er hat etwas Wichtiges über die Taktik der Antikriegsbewegung gesagt. Er meinte, die Linke trete gegen einen Krieg nach dem anderen ein, ohne zum Kern des Problems vorzudringen. Der Kern des Problems liege in unserem Wirtschaftssystem, das den Krieg brauche und Krieg unvermeidbar mache. Sein Punkt war, dass es ein aussichtsloser Kampf sei, sich in einer Atmosphäre eines derartig intensiven Patriotismus auf den Krieg zu konzentrieren, während eine stärkere Konzentration auf wirtschaftliche Fragen – ohne natürlich den Krieg zu vergessen – und auf das Scheitern des Systems dabei, die Bedürfnisse der Menschen zu befriedigen, die Friedensbewegung stärker mit der amerikanischen Bevölkerung verbinden würde. Diese Konzentration würde auch dazu führen, dass die Bevölkerung eher zur Kenntnis nähme, was wir über den Krieg zu sagen haben.

Glauben Sie, dass der Angriff auf die Bürgerrechte, der eine Folge dieses Krieges ist, ein anderer Bereich sein könnte, um eine gemeinsame Basis zu schaffen?

Auf jeden Fall. Das ist ein wichtiger Bereich für eine gemeinsame Basis, obgleich die Frage der Bürgerrechte ihre Tücken hat, denn die Umfrageergebnisse zeigen, dass viele Menschen bereit zu sein scheinen, eine Einschränkung ihrer Freiheiten in Kauf zu nehmen, wenn das für die Fortführung des Krieges notwendig sein sollte. Ich glaube, die Bereitschaft, Einschränkungen hinzunehmen, beruht auf der Vorstellung, dass es auf diese Weise gelingen könnte, die Urheber des Terrorismus zu finden. Die Widerlegung dieses Gedankengangs erfordert ein doppeltes Argument. Zunächst muss man deutlich machen, dass der Krieg das Problem des Terrorismus nicht wirklich lösen kann; und dann muss man zeigen, dass die neuen Einschränkungen die Freiheit von uns allen bedrohen.

Nicht nur die Moslems werden davon betroffen sein. Wir sollten, wo immer möglich, Pastor Niemöllers berühmte Worte über den Nationalsozialismus in Umlauf bringen, weil es gut zur heutigen Lage passt:

> Als die Nazis die Kommunisten holten,
> habe ich geschwiegen; ich war ja kein Kommunist.
> Als sie die Sozialdemokraten einsperrten,
> habe ich geschwiegen; ich war ja kein Sozialdemokrat.

Als sie die Gewerkschafter holten,
habe ich geschwiegen; ich war ja kein Gewerkschafter.
Als sie die Juden holten,
habe ich geschwiegen; ich war ja kein Jude.
Als sie mich holten, gab es keinen mehr,
der protestieren konnte.[28]

Nicht nur die Moslems sind in Gefahr, sondern alle, die ihre Meinung äußern. In den Vereinigten Staaten halten sich etwa 20 Millionen Zuwanderer, kurzzeitige Besucher und ausländische Staatsbürger auf. Heute kann jeder von ihnen auf der Grundlage eines Regierungserlasses und des vom Kongress erlassenen „USA Patriot Act" vor Militärgerichte gestellt, sofort ausgewiesen oder unbefristet inhaftiert werden. In den Worten von Anthony Lewis wissen Millionen von Menschen, „die hierher kamen, um auf ein besseres Leben hinzuarbeiten, dass sie jetzt davon bedroht sind, inhaftiert und vor ein Militärgericht gestellt zu werden, wenn jemand der Meinung ist, sie könnten etwas mit Terrorismus zu tun haben".[29]

Der *New York Times* zufolge hat der Kongress „der CIA neue Befugnisse erteilt, die Menschen in den Vereinigten Staaten zu bespitzeln". Damit wurden die Beschränkungen aufgehoben, die der CIA in den siebziger Jahren auferlegt wurden, nachdem Verstöße gegen Bürgerrechte enthüllt worden waren. Die Bundesrichterin Sandra Day O'Connor sagte nach dem Besuch von „Ground Zero" in New York: „Wahrscheinlich werden wir jetzt mehr Einschränkungen unserer persönlichen Freiheit hinnehmen müssen, als es jemals in unserem Land gegeben hat." Wenn ein Mitglied des Obersten Gerichtshofes das sagt, sollte uns das zu denken geben.[30]

Nancy Chang, eine Anwältin des „Center for Constitutional Rights", ist der Auffassung, die Maßnahmen der Regierung Bush seit dem 11. September deuteten „auf eine umfassende Außerkraftsetzung der bürgerlichen Freiheiten hin, die sich weit über den Kreis derer hinaus erstrecken wird, die etwas mit terroristischen Aktivitäten zu tun haben". Sie sagt, eine mögliche Folge des „USA Patriot Act" bestehe darin, dass legitime politische Kritik strafbar werde. Sie warnt, das Gesetz verschaffe „der Exekutive nie dagewesene und großenteils unkontrollierte Möglichkeiten der Überwachung, darunter das verstärkte Recht, den Gebrauch von E-Mail und Internet zu verfolgen, unangekündigte Durchsuchungen vorzunehmen, sich geheime persönliche Daten zu verschaffen [und] finanzielle Transaktionen zu überwachen".[31]

Im Ausland scheint die Ablehnung des Krieges weit stärker zu sein, aber diese Opposition wurde in den amerikanischen Medien als „Antiamerikanismus" verurteilt.

Ich denke, die Tatsache, dass die Ablehnung des Krieges in den Vereinigten Staaten schwächer ist als im Ausland, hat viel damit zu tun, dass die Anschläge hier stattfanden und einen traumatischen Effekt auf die Menschen in diesem Land hatten. Für eine Antikriegsbewegung ist es sehr schwierig, mit diesem Trauma umzugehen, es zu verarbeiten und unsere Politik zu hinterfragen.

Menschen außerhalb der Vereinigten Staaten können oft eine umfassendere Perspektive einnehmen. Viele von ihnen haben terroristische Angriffe und andere traumatische Ereignisse durchlitten, von denen einige noch grauenhafter waren als der 11. September. Aus diesem Grund können sie diese Anschläge aus einer umfassenderen Perspektive betrachten. Kürzlich habe ich eine E-Mail von einem Mann aus Bombay erhalten. Er schrieb über Naturkatastrophen und Katastrophen, die von Unternehmen verursacht wurden, wie der Gasunfall von Bhopal, durch den weit mehr Menschen ums Leben kamen als im World Trade Center. Diese Tragödien haben in den Vereinigten Staaten keine Trauer hervorgerufen, während es im Zusammenhang mit dem 11. September zahllose Trauerkundgebungen gab. Damit will ich natürlich nicht sagen, die Trauer um die Opfer des 11. September sei unangebracht. Vielmehr müssen wir trauern. Aber können wir nicht auch um die Menschen in anderen Ländern trauern, die Opfer von menschlicher Profitgier und von Kriegen wurden?

Das Thema des „Antiamerikanismus" muss differenzierter betrachtet werden. Wenn man die Reaktionen im Ausland auf die Vereinigten Staaten genauer ansieht, wird man eine höchst ambivalente Haltung erkennen. Auf der einen Seite sieht man extreme Feindseligkeit gegenüber der amerikanischen Politik, der Herrschaft der amerikanischen Unternehmen und natürlich den amerikanischen Militäraktionen im Ausland. Auf der anderen Seite sieht man immer wieder, dass man einzelnen Amerikanern, dem amerikanischen Volk, sehr freundlich begegnet.

Ich habe eine Bekannte, die in Marokko im Entwicklungshilfeprogramm „Peace Corps" arbeitet. Sie ist eine amerikanische Jüdin, die in einem moslemischen Land lebt. Sie schreibt mir, wie freundlich die Menschen zu ihr sind, selbst während sie in den Straßen gegen die amerikanische Politik demonstrieren.

In der gegenwärtigen Rezession dürfte der Krieg in Afghanistan die Forderung „Schwerter zu Pflugscharen" aufkommen lassen.

Ich glaube nicht, dass das amerikanische Volk darüber aufgeklärt wurde, wie viel Geld für den Krieg ausgegeben wird. Die meisten Leute dürften ganz allgemein nur eine vage Vorstellung davon haben, wie sich der Verteidigungshaushalt zusammensetzt und wie hoch er ist. Ein Bruchteil des amerikanischen Verteidigungshaushalts würde ausreichen, um grundlegende Gesundheits- und Versorgungsprobleme einer großen Zahl von Amerikanern zu lösen. Das ist ein wichtiges Thema.

Das als „National Missile Defense" bezeichnete Raketenabwehrprogramm allein kostet jetzt 8,3 Milliarden Dollar. Die Zeitschrift *The Economist* kommt zu dem Ergebnis, dass das voll funktionsfähige System an die 200 Milliarden Dollar kosten werde.[32]

Die Regierung Bush fordert nun eine Erhöhung der Rüstungsausgaben um 48 Milliarden Dollar, der größte Anstieg seit dem ersten Amtsjahr Ronald Reagans. „Und darüber hinaus", berichtete die *New York Times*, „plant das Pentagon, den Kongress in den kommenden zwei Monaten um eine kurzfristige Aufstockung des Haushalts zu bitten, um die laufenden Kosten des Krieges in Afghanistan zu decken. Letztes Jahr [2001] stellte der Kongress zu diesem Zweck 17,5 Milliarden Dollar zur Verfügung."[33]

Das Geld wird wie Bushs Steuersenkungen in Höhe von 1,3 Billionen Dollar vom Sozialbudget abgezogen, das ohnehin zu niedrig ist. Bushs neuer Verteidigungshaushalt „wird für alles andere die Schraube enger ziehen", hieß es unlängst im *Wall Street Journal*. Das Geld wird von den Programmen zur psychologischen und gesundheitlichen Versorgung, für Bildung und für Wohnraumbeschaffung kommen. Am 14. Januar lautete eine Überschrift in der *New York Times*: „Staaten stehen vor harten Entscheidungen bei Kürzung von Medicaid". Die Kürzungen werden die Gesundheitsversorgung von Millionen Menschen verschlechtern.[34]

In diesem Land geht es nicht nur um Pflugscharen statt Schwertern; es geht auch darum, dass die Menschenrechte weltweit durch den Krieg bedroht werden. Die *Financial Times* merkte kürzlich an, die Regierung der Vereinigten Staaten verwende nur 0,1 Prozent ihrer Einkünfte für Auslandshilfe. Und diese Hilfe dient nicht ausschließlich humanitären Zwecken.[35]

Man liest verschiedentlich, welch eine lächerliche Summe die Vereinigten Staaten für das globale Problem von AIDS auszugeben bereit sind. Jährlich steuern die USA nur 460 Millionen Dollar zu den internationalen Bemühungen um den Kampf gegen AIDS bei, obwohl Milliarden notwendig wären. Die Vereinigten Staaten könnten diese Milliarden aufbringen und Millionen von Menschenleben retten, wenn sie nicht so viel Geld für militärische Zwecke ausgäben.[36]

Ich glaube, es ist leicht einzusehen, dass die Verwendung dieses Geldes für den Kampf gegen AIDS nicht nur einen unmittelbaren humanitären Nutzen hätte; sondern die langfristige Sicherheit des Volkes der Vereinigten Staaten hängt vom Wohlergehen des Restes der Welt ab.

Die Medien haben Bush während des Krieges freie Hand gelassen. Die New York Times *hat einen entsetzlichen*

Leitartikel mit dem Titel „Bushs neue Gravitas" veröffentlicht, in dem es hieß, er habe „die komplexe Vielfalt politischer und militärischer Herausforderungen, denen er sich gegenüber sieht, vollständig unter Kontrolle".[37]

Das betrifft nicht nur die *New York Times*. Es gibt auch Linke, die gesagt haben, sie bewunderten Einiges an Bush, er habe seine Sache im Krieg bislang gut gemacht. Viele von ihnen ließen sich durch Bushs frühe Äußerungen täuschen, in denen er eine vorsichtige und begrenzte Reaktion auf die Ereignisse des 11. September versprochen hatte – was seitens der angeblich sehr kritischen Beobachter erstaunlich naiv ist.

Für mich haben jene Liberalen und Linksradikalen, die den Krieg auf irgendeine Weise befürwortet haben, einen Pakt mit dem Teufel geschlossen, den sie selbst nicht begreifen. Sie haben sich mit Phrasen wie „begrenzte militärische Aktion" und „maßvolle Antwort" getröstet, als hätten Bombenteppiche etwas Maßvolles an sich. Sie meinen, den Krieg von all seinen Folgen trennen zu können. Sie meinen, sie könnten auf der einen Seite sagen: „Nun, wir müssen vielleicht eine begrenzte militärische Aktion durchführen", und auf der anderen Seite die Angriffe auf die persönlichen Freiheiten verurteilen.

Das sieht man überall in der liberalen Presse. Sie unterstützt den Krieg und vertritt gleichzeitig die Ansicht, Justizminister John Ashcroft täte Unrecht, wenn er die Inhaftierung und geheime Verhöre von Menschen anordnet. Sie scheint nicht zu verstehen, dass das eine mit dem anderen Hand in Hand geht. Das ist der Pakt mit dem Teufel, den Liberale und Linke geschlossen haben und zu dem sie nicht stehen wollen.

Die Angriffe des britischen Publizisten Christopher Hitchens auf Menschen, die den Krieg verurteilt haben, waren besonders harsch.

Leute wie Hitchens verzerren die Position der Kriegsgegner stark. Sie unterstellen Leuten wie mir und Noam Chomsky Vorstellungen, die wir nicht vertreten, und behaupten, wir wollten das, was in New York geschehen ist, rechtfertigen oder gar sagen, die Amerikaner hätten es verdient. Keiner der mir bekannten Leute, die sich gegen den Krieg ausgesprochen haben, hat etwas Ähnliches gesagt.

Auf einer schwarzen Liste von Menschen, die dafür eintreten, man solle „zuerst Amerika verantwortlich machen", ist auch Ihr Name zu finden. Sie wurde von Lynne Cheney und dem American Council of Trustees and Alumni (ACTA) veröffentlicht. In der ersten, später geänderten Fassung des begleitenden Berichts hieß es, die Professoren seien „das schwächste Glied bei Amerikas Antwort auf die Anschläge".[38]

Ja. Ich war froh darüber, dass mein Name auf der Liste stand. Ich erinnere mich, wie enttäuscht ich war, nicht auf der Liste der Feinde von Präsident Nixon zu stehen und auch auf anderen dieser Listen vergessen worden zu sein. Natürlich hat mich der FBI nicht übersehen. Sie hatten eine riesige Akte über mich. Aber es gab Zeiten, in denen ich mich vernachlässigt fühlte ...

Das Erstellen einer Liste von Leuten, die sich gegen den Krieg ausgesprochen haben, und die Andeutung, diese Leute bewegten sich jenseits der Grenzen des Legalen, passt zu John Ashcrofts Äußerungen über Menschen, die seine repressive Politik ablehnen. Vor dem Justizausschuss des Senats sagte er am 6. Dezember: „Denjenigen, die friedliebende Menschen durch das Phantom verlorener Freiheit einschüchtern, habe ich Folgendes zu sagen: Eure Taktik hilft nur den Terroristen, weil sie unsere nationale Einheit untergräbt und unsere Entschlossenheit schwächt. Sie ist Wasser auf die Mühlen von Amerikas Feinden und Schwäche gegenüber Amerikas Freunden."[39] Diese Sätze entsprechen nahezu der verfassungsmäßigen Definition von Hochverrat, der mit dem Tod zu bestrafen ist.

Wenn man sich die im Bericht des ACTA zitierten Äußerungen genauer ansieht, wird man feststellen, wie harmlos sie sind. Jesse Jackson kam mit der Forderung auf die Liste, Amerika solle „Brücken und Beziehungen, nicht nur Bomben und Mauern" bauen. Ich selbst tauchte mit der Feststellung auf: „Unsere Sicherheit kann nur dadurch gewährleistet werden, dass wir unseren Reichtum nicht für Kanonen, Flugzeuge und Bomben ausgeben, sondern für die Gesundheit und das Wohlergehen unseres Volkes und für die leidenden Menschen in anderen Ländern."[40] Die bloße Anwendung des ersten Zusatzes zur amerikanischen Verfassung, die Forderung, man solle die Regierung kritisieren dürfen, reicht aus, um auf Lynne Cheneys Liste zu kommen. Meines Erachtens sollte das etwas stärker publik gemacht werden, denn Amerikaner sind sehr empfindlich gegen die Einschränkung der Redefreiheit. Leider sind sie weitaus mehr erzürnt, wenn sich die Einschränkungen gegen amerikanische Staatsbürger richten als gegen Moslems oder Zuwanderer.

Die heutige Zeit erinnert mich stark an die Zeit des Kalten Krieges. Damals erstellten die Machthaber schwarze Listen nicht nur von Mitgliedern kommunistischer Organisationen, sondern von den verschiedensten Menschen. Sie machten einen Unterschied zwischen Organisationen „aktiver Kommunisten", Organisationen der „kommunistischen Front" und Organisationen, die „mit den Kommunisten sympathisierten". Alle wurden jedoch als gefährlich eingestuft.

Ich habe zu dieser Zeit hauptsächlich in Atlanta gelebt. Um weiterhin an der Georgia State University lehren zu dürfen, musste einer meiner Freunde eine Eidesformel unterzeichnen, mit der er beschwor, dass nicht nur *er* in keiner der zahlreichen, auf einer langen Liste aufgeführten Organisationen (darunter der „Yugoslav Seamen's Club" und die „Nature Friends of America«) Mitglied war, sondern auch keiner seiner *Verwandten*.

Diese Ausweitung der Verfolgung von Störenfrieden erinnert an die Absurditäten, die wir in den fünfziger Jahren erlebt haben. Das als „McCarran-Walter Immigration Act" bekannte, 1952 erlassene Gesetz schuf die rechtliche Grundlage für Ausweisungen ohne Gerichtsverfahren. Die Regierung Bush greift diese Politik wieder auf. Der „Internal Security Act" von 1950 erlaubte die Einrichtung von Konzentrationslagern, in denen Leute inhaftiert werden konnten, die man als Bedrohung der nationalen Sicherheit betrachtete. Man rufe sich ins Gedächtnis, dass der FBI Martin Luther King als Bedrohung der nationalen Sicherheit einstufte und auf eine Liste von Leuten setzte, die „wahrscheinlich subversiven Organisationen und Ideologien finanzielle und andere materielle Unterstützung zukommen" ließen. Dem Historiker David Garrow zufolge sollte die

Liste dazu dienen, „die Inhaftierung mutmaßlich gefährlicher Individuen so einfach wie möglich zu machen, wenn der Präsident den nationalen Notstand ausrief. Das Büro [des FBI] in Atlanta wurde angewiesen, King auf die Liste zu setzen."[41]

Es gibt eine weitere bedeutsame Parallele zwischen der heutigen Situation und dem Kalten Krieg. Der Terrorismus hat den Kommunismus als Rechtfertigungsgrund für die Militarisierung des Landes, für militärische Abenteuer im Ausland und für die Unterdrückung bürgerlicher Freiheiten im Inland abgelöst. Er dient demselben Zweck, er schafft Hysterie.

Das Wort „Kommunismus" wurde dazu benutzt, die ungeheuerlichsten Verletzungen der Menschenrechte zu legitimieren. Vieles von dem, was während des Kalten Krieges geschehen ist, wurde durch den Kampf gegen den Kommunismus gerechtfertigt. Dazu gehörte der Tod von Millionen von Menschen in Südostasien und Hunderttausenden in Mittelamerika. Der „Kampf gegen den Kommunismus" wurde auf Menschen und Regierungen ausgeweitet, die nichts mit Kommunismus zu tun hatten. 1954 stürzten die Vereinigten Staaten die Regierung von Guatemala, die nicht kommunistisch war, aber die „United Fruit Company" enteignete. 1973 wurde die Regierung von Chile im Namen des Kampfes gegen den Kommunismus gestürzt. Die Regierung war nicht kommunistisch, aber sie entsprach nicht den Interessen von Anaconda Copper, einem Kupferkonzern, und des Mammutkonzerns ITT.

Wir müssen an diese historischen Fakten erinnern, um sie mit den heutigen Ereignissen zu verknüpfen. Heute, da der Kalte Krieg vorbei ist, dürfte es möglich sein, dass die Amerikaner die Handlungen der Vereinigten Staaten während des Kalten Krieges distanzierter betrachten. Viele dieser Handlungen wirken im Nachhinein völlig absurd. Einiges deutet darauf hin, dass der „Krieg gegen den Terrorismus" auf die gleiche Weise geführt wird.

3. Eine friedfertige Nation?

Als George Bush den Beginn der Bombardierung Afghanistans verkündete, sagte er: „Wir sind eine friedfertige Nation.“[42] Wie reagieren Sie darauf?

Offenbar hat Bush keine Geschichtsbücher gelesen und kann sich nicht einmal an die Zeitgeschichte erinnern, weil die Vereinigten Staaten seit langem an Kriegen und militärischen Aktionen beteiligt sind. Den Indianern kann man nicht erzählen, wir seien eine friedliche Nation gewesen, als wir uns über den Kontinent ausgebreitet und Hunderte von Kriegen gegen sie geführt haben. Die Vereinigten Staaten haben in den ersten 20 Jahren des letzten Jahrhunderts mindestens 20 Militäraktionen in der Karibik durchgeführt. Und vom Zweiten Weltkrieg bis heute gab es eine unaufhörliche Folge von Kriegen und militärischen Interventionen.

Nur fünf Jahre nach dem Ende des zerstörerischsten Krieges der Geschichte, des Zweiten Weltkriegs, haben wir den Krieg in Korea begonnen. Dann haben wir die Franzosen in Indochina unterstützt, 80 Prozent ihrer militärischen Ausrüstung zur Verfügung gestellt und binnen kürzester Zeit selbst Krieg in Südostasien geführt. Wir haben nicht nur Vietnam bombardiert, sondern auch Laos und Kambodscha.

In den fünfziger Jahren haben wir auch verdeckte Aktionen durchgeführt, beispielsweise die Regierungen des Iran und Guatemalas gestürzt. Und ungefähr zu der Zeit, in der wir uns in Vietnam eingemischt haben, schickten wir Truppen in die Dominikanische Republik.

In jener Periode haben wir die Regierung Indonesiens massiv unterstützt, so dass der Diktator Suharto einen Krieg gegen die Opposition im Land führen konnte, in dem Hunderttausende von Menschen ums Leben kamen. Von 1975 an hat die amerikanische Regierung den brutalen Feldzug Indonesiens gegen die Bevölkerung Osttimors entscheidend unterstützt, in dem ebenfalls Hunderttausende getötet wurden.

In den achtziger Jahren haben wir während Reagans Amtszeit einen geheimen Krieg in ganz Mittelamerika geführt, in El Salvador, Honduras, Costa Rica und vor allem in Nicaragua, wo wir eine konterrevolutionäre Streitmacht aufgebaut haben, die von Reagan als „Freiheitskämpfer" bezeichneten Contras.

Noch bevor die Sowjets in Afghanistan einmarschiert sind, lieferten wir 1978 Waffen an die Aufständischen, die Mudschaheddin. Einige dieser Kämpfer entpuppten sich später als Mitglieder der Taliban, derjenigen, die dann auf einmal unsere Feinde waren. Der nationale Sicherheitsberater von Präsident Carter, Zbigniew Brzezinski, prahlte damit, die amerikanische Hilfe werde „eine militärische Intervention der Sowjets herbeiführen". Sie ist tatsächlich eingetreten und hat einen Krieg verursacht, der zehn Jahre dauerte.[43] Der Krieg hatte verheerende Folgen für das afghanische Volk und legte das Land in Schutt und Asche. Sobald er vorüber war, zogen sich die Vereinigten Staaten zurück. Die Leute, die wir unterstützt hatten, die Fundamentalisten, übernahmen die Macht in Afghanistan und bauten ihr Regime auf.

Kurz nachdem George Bush sen. das Präsidentenamt übernommen hatte, begann er 1989 einen Krieg gegen Panama, in dem wahrscheinlich mehrere Tausend Menschen ihr Leben ließen. Zwei Jahre später führten wir den Krieg am Golf, wobei wir die irakische Invasion in Kuwait als Anlass benutzten, um unsere Militärpräsenz in der Region zu verstärken und Truppen in Saudi-Arabien zu stationieren. Sie wurden zum Stein des Anstoßes für Osama bin Laden und andere saudische Nationalisten. Unter der Regierung Clinton haben wir Afghanistan, den Sudan, Jugoslawien und den Irak bombardiert.

Wenn Bush uns als „friedliche Nation" bezeichnet, übersieht er einen beträchtlichen Teil der Geschichte. Vielleicht ist dieser Teil der Geschichte mehr, als Bush verkraften kann, aber selbst ein Bruchteil davon müsste ausreichen, um die Vorstellung der Vereinigten Staaten als einer friedlichen Nation zu widerlegen. Man könnte sogar sagen: Seit dem Zweiten Weltkrieg hat es keine kriegerischere Nation gegeben als die Vereinigten Staaten.

Am 23. September 2001 lautete eine Überschrift der New York Times*: „Vergesst die Vergangenheit: Das ist ein Krieg wie kein anderer".*[44] *Was würde passieren, wenn wir diesem Ratschlag Folge leisteten?*

Man will, dass wir handeln, als seien wir gestern geboren worden. Man will, dass wir die Geschichte unserer Regierung vergessen. Wenn man nämlich die Geschichte vergisst, wird man alles glauben.

Wie haben wir Texas, Colorado, New Mexico, Arizona und Kalifornien bekommen? Weil die Mexikaner uns mochten und uns diese Gebiete geschenkt haben? Nein. Wir haben sie im Krieg gegen Mexiko erworben.

Und wir waren der Meinung, die Mexikaner sollten uns dankbar sein, dass wir ihnen nicht ihr ganzes Land weggenommen haben.

Dieser Krieg begann mit einer Lüge. Es gab einen Zwischenfall an der mexikanische Grenze. Amerikanische Soldaten sind in das umstrittene Territorium vorgestoßen, und es wurden Menschen getötet. Präsident James Polk behauptete, das Blut sei auf amerikanischem Boden vergossen worden. Wenig später zogen die Truppen auf Mexiko-Stadt zu. Und innerhalb kurzer Zeit hatten wir die Hälfte Mexikos unter Kontrolle.

1898 wurde das Schlachtschiff *Maine* im Hafen von Havanna versenkt. Das führte zum Spanisch-amerikanischen Krieg. Niemand hat je gefragt, was die *Maine* im Hafen von Havanna zu suchen hatte. Auch als vor einigen Jahren ein amerikanisches Schiff im Jemen beschossen wurde, hat kein Journalist gefragt: „Was hat ein amerikanischer Zerstörer dort zu suchen?"

Wenn die Menschen etwas über Geschichte wüssten, wenn die Lehrer sie in Geschichte unterrichteten, wenn die Medien sie über die Geschichte informierten, wenn jemand, der Macht über die Kommunikationsnetze hat, sie etwas über die Geschichte lehrte, würden sie in der überstürzten Zustimmung des Kongresses zum Krieg die gleiche Unterwürfigkeit wie in der Vergangenheit erkennen können. Als sich Bush nach dem 11. September an den Kongress gewandt hat, haben all seine Mitglieder so gehandelt, als ob man nicht darüber nachdenken und Fragen stellen müsste, was zu tun sei. Der Senat hat einstimmig und das Repräsentantenhaus fast einstimmig abgestimmt. Es gab nur eine Gegenstimme. Als ich das erfuhr, habe ich gedacht, die Gegenstimme käme vom Unabhängigen, von Bernie Sanders aus Vermont. Das war jedoch nicht der Fall. Die Gegenstimme kam von Barbara Lee aus Kalifornien.

Geschichte kann uns etwas lehren. Sie kann uns etwas über die Regierung, über Lügen und über Täuschung lehren. Wenn die Menschen die Geschichte kennten, würden sie nicht nur dasitzen, Bush zuhören und davon beeindruckt sein, dass er lesen kann.

Wenn wir die Geschichte nicht kennen, werden wir nicht einsehen, wie viel Feindseligkeit wir auf der ganzen Welt hervorgerufen haben – nicht nur im Nahen Osten, sondern auf der ganzen Welt. Durch ihre Außenpolitik haben die Vereinigten Staaten mehreren Millionen Menschen den Tod gebracht und terroristische Regierungen in allen Teilen der Welt unterstützt, vor allem in Lateinamerika und im Nahen Osten.

Wenn wir die Geschichte nicht kennen, werden wir unser ganzes Leben lang glauben, was man uns in der Schule beigebracht hat – dass Amerika die Säule der Demokratie und der Freiheit in der Welt sei. Wir glauben, die Pfadfinder der Welt zu sein, die den Ländern auf der anderen Straßenseite helfen.

Der Schriftsteller Eduardo Galeano aus Uruguay hat die „School of the Americas" beschrieben, die mittlerweile in „Western Hemisphere Institute for Security Cooperation" umbenannt wurde: „Die erste Weltmacht, das Vorbildland … erkannte an, dass seine militärischen Plantagen Spezialisten im Verletzen von Menschenrechten herangezüchtet hatten."[45] Mir scheint, als müssten die Vereinigten Staaten, wenn sie wirklich Interesse daran hätten, terroristische Ausbildungslager zu beseitigen, in Fort Benning, Georgia, beginnen.

Ja, wir leben in einem Zeitalter der Ironie. Es gab eine Steinzeit, und jetzt gibt es eine Ironiezeit. Die Regierung behauptet, sie sei entschlossen, terroristische Lager zu beseitigen, aber in den Vereinigten Staaten hat die „School of the Americas" Leute ausgebildet, die zu Terroristen oder zu Ausbildern der Todesschwadronen in Mittelamerika geworden sind.

Wenn man die Fotos der Absolventen der „School of the Americas" an die Wand hängen würde, könnte man sie für ein Verbrecheralbum des Terrorismus halten. Ich denke an den Anführer der Todesschwadron von El Salvador, Roberto D'Aubuisson, an die Absolventen, die im Dezember 1981 am Massaker an 811 Menschen in El Mozote beteiligt waren, an die vielen Generäle und Diktatoren. Einige der Handbücher, die in der „School of the Americas" benutzt werden, enthalten Lehrmaterial, wie man sozusagen terroristische Angriffe verübt.[46]

Es ist bekannt, dass Manuel Noriega, der Diktator von Panama, die „School of the Americas" besucht und dann bei der CIA gearbeitet hat. Dann wurde er plötzlich ein Feind und ein Terrorist, so dass wir einen Krieg begonnen haben, um ihn zu fangen. Wahrscheinlich werden wir aber in der nächsten Zeit nicht in einen Krieg eintreten, um Kissinger zu fangen. Die Vereinigten Staaten waren stets gegen die Einrichtung eines internationalen Gerichtshofes für Kriegsverbrechen, weil dies eine Gefahr für Mitglieder der amerikanischen Regierung und des Militärs wäre. In dieser Hinsicht werden deutliche Worte gesprochen. Die Regierung sagt: „Ja, wir haben Leute, die man wegen der Ausführung von Kriegsverbrechen anklagen könnte." Die Vereinigten Staaten jagen Leute, die Kriegsverbrechen begangen haben, aber ein Amerikaner kann per *definitionem* keine Kriegsverbrechen begehen.

Kissinger hat unlängst geschrieben, er halte die Einrichtung eines internationalen Gerichtshofs für eine schlechte Idee.[47] Natürlich ist es eine schlechte Idee, denn er wäre einer der ersten Leute, die vor Gericht gestellt würden, um über seine Unterstützung der Todesschwadronen und repressiven Regime in Lateinamerika, die Kriegsverbrechen in Südostasien und die Hilfe für das Apartheidregime in Südafrika Rechenschaft abzulegen.

Es wäre gut, wenn es einen internationaler Gerichtshof für Kriegsverbrechen gäbe, das wirklich berechtigt wäre, Angehörige aller Staaten gleichermaßen zu verfolgen, die an der Unterstützung oder Durchführung des Terrorismus beteiligt sind oder waren. Aber die Regierung der Vereinigten Staaten hat daran natürlich kein Interesse.

4. Die Notwendigkeit abweichender Meinungen

Heutigentags hört man einstimmig: „Wir müssen uns hinter den Präsidenten stellen.“

Äußerungen wie die, die Bush nach dem 11. September getan hat – „Entweder man ist auf unserer Seite oder auf der der Terroristen“ –, sind furchteinflößend.[48] Sie bedeuten, dass man ein Feind der Regierung ist, wenn man sie nicht unterstützt. Sie erzeugen eine Art Hysterie, die zu einer Atmosphäre führt, welche man als die der Lynchjustiz bezeichnen könnte.

Die Atmosphäre wird nicht nur durch die Regierung, sondern auch von den Massenmedien geschürt. Andrew Sullivan von der Zeitung *New Republic* hat die Kriegsgegner in den Vereinigten Staaten als „Fünfte Kolonne“ bezeichnet.[49] Der Begriff der Fünften Kolonne stammt aus dem Spanischen Bürgerkrieg und bezeichnet Leute in den eigenen Reihen, die Verräter sind. Es ist ein gefährlicher Begriff, und seine Verwendung bedroht und verängstigt Menschen, die sich heute nicht mehr frei fühlen, ihre Meinung zu äußern, weil sie als Verräter betrachtet werden könnten.

Für mich sind das Verbot, die Regierung zu kritisieren, und die Forderung, sich hinter den Präsidenten zu stellen, eine große Gefahr für eben die Demokratie, die Bush angeblich verteidigen will, indem er in den Krieg zieht.

Am 29. September 2001 hat Al Gore vor der Demokratischen Partei Iowas gesprochen und gesagt: „George W. Bush ist mein Oberbefehlshaber.“ Dafür wurde er mit stehenden Ovationen bedacht. In den Worten der *New York Times* „flehte er [dann] Demokraten wie Republikaner an, Herrn Bush uneingeschränkte Unterstützung zuzusichern".[50] Als ich das gehört habe, dachte ich, Al Gore kann die amerikanische Verfassung nicht gelesen haben. In der Verfassung heißt es, der Präsident sei der Oberbefehlshaber der Streitkräfte. Er ist nicht der Oberbefehlshaber des Landes, von uns allen. Gore ist ein weiteres Beispiel für die Menschen, die sich beeilen, die Reihen zu schließen und in den Einflussbereich der Macht zu gelangen.

Mir kommt auch Dan Rather in den Sinn, Nachrichtensprecher des Senders CBS. Für wen spricht er? Er spricht für das Establishment. Das ist die Aufgabe eines Nachrichtensprechers. In der Sendung *Late Show with David Letterman* sagte Rather im Verlauf des Gesprächs: „George Bush ist der Präsident, er fällt die Entscheidungen, und wissen Sie, wenn er will, dass ich als Amerikaner antrete, braucht er mir nur zu sagen, wo." In der Sendung *Larry King live* meinte Rather, „welche Meinungsverschiedenheiten man vor dem 11. September mit George Bush jun. auch gehabt haben mag, er ist unser Oberbefehlshaber, er ist jetzt der Mann der Stunde. Und wir brauchen Einheit, wir brauchen Konstanz. Das wissen wir alle."[51]

Das ist eine Sprache, die man in einem totalitären Staat hört, nicht die einer Demokratie. Wenn der Präsident fordert anzutreten, treten wir an. Die erste Pflicht eines Journalisten ist Unabhängigkeit, ein unabhängiger Kritiker zu sein, kein Handlanger der Regierung. Er soll die Öffentlichkeit und die Regierung repräsentieren und nicht gleich sagen: „Ja, wir sind einer Meinung". Wenn wir CNN anschalten, sollten wir auf der Mattscheibe nicht ohne Unterlass die amerikanische Flagge sehen. Angeblich gehört es zur amerikanischen Tradition, aus der Reihe zu tanzen, wenn man aus der Reihe tanzen will. Demokratie bedeutet nicht, sich hinter den Präsidenten zu stellen. Demokratie bedeutet, unabhängig zu denken, der Regierung skeptisch gegenüberzustehen, sich umzuschauen, um herauszufinden, was passiert. Und wenn man herausfindet, dass die Regierung einen täuscht, muss man das so laut sagen, wie man kann. Das ist Demokratie.

Unlängst haben Sie eine Kontroverse ausgelöst, als Sie vor Schülern der „Newton North High School" gesprochen und die Bombardierung Afghanistans in Frage gestellt haben. Der Boston Herald *berichtete: „Eltern hielten es für fragwürdig, dass Teenager mit Zinns Meinungen konfrontiert werden." Er zitierte ein Elternteil, dessen Kinder interessanterweise die Schule gar nicht besuchen: „Es ist unglaublich, was dieser Typ getan hat … Es ist schrecklich. Er hat diese Dinge vor allen Schülern im Alter von 13 bis 17 gesagt, die es nicht besser wissen."*[52]

Der Reporter des *Boston Herald* hat meine Worte falsch wiedergegeben, als er im ersten Absatz seines Artikels schrieb, ich hätte „die amerikanischen Militärschläge in Afghanistan mit den terroristischen Anschlägen des 11. September gleichgesetzt". Es ist eine gute Art und Weise, eine Geschichte zu eröffnen, indem man eine entscheidende Aussage der Person, über die man schreibt, falsch zitiert. Natürlich habe ich die amerikanischen Militärschläge in Afghanistan nicht mit dem 11. September gleichgesetzt. Ich habe gesagt, die amerikanischen

Militärschläge in Afghanistan seien nicht der angemessene Weg, auf den Terrorismus zu antworten, der Einsatz von Gewalt gegen unschuldige Menschen, gegen die Zivilbevölkerung Afghanistans, sei keine moralische Art und Weise, auf den Terrorismus zu reagieren.

Es ist möglich, beide Ereignisse zu vergleichen, indem man sagt, der Mord an Zivilisten und die Vertreibung von Hunderttausenden von Menschen aus ihren Häusern sei ebenso ein unmoralischer Akt wie der Angriff auf das World Trade Center. Dadurch setzt man die beiden Ereignisse nicht miteinander gleich. Man kann zwei Gräueltaten überhaupt nicht miteinander gleichsetzen, aber man kann sie nebeneinander stellen und sagen, beide seien böse und die eine sei kein Ausgleich für die andere.

Es ist interessant, dass der Vater jener drei Schüler, die noch gar nicht in der High School sind, der Meinung war, das, was ich gesagt hatte, sei „unglaublich". Mein Buch mit dem Titel *A People's History of the United States* wird an High Schools im ganzen Land von Schülern benutzt, die 13 bis 17 Jahre alt sind.[53] Und da ich selbst Kinder habe, frage ich mich, welche Art von Erziehung er sich für seine Kinder wünscht. Glaubt er wirklich, Kinder in diesem Alter seien nicht intelligent genug, Argumente von allen Seiten anzuhören, um sich daraufhin eine eigene Meinung zu bilden? Das kommt einer Entmündigung junger Menschen gleich. Zweifellos ist das eine abwegige Auffassung von der Rolle der Erziehung. Zu den Bestandteilen von Erziehung sollte die Darstellung verschiedener Blickwinkel gehören. Die jungen Menschen sollen in die Lage versetzt werden, selbst zu entscheiden, woran sie glauben wollen.

Es ist auch interessant, was seit dem Erscheinen jenes Artikels geschehen ist. Eine Lokalzeitung, der *Newton Tab*, hat vier Seiten mit Briefen und einen Leitartikel über meine Rede abdruckt, und die meisten der Briefe von Schülern und Eltern ergriffen für mich Partei.[54] Dutzende von Menschen haben mich angerufen, um mich ihrer Solidarität zu versichern, und ich habe von sieben weiteren High Schools Einladungen zu einem Vortrag erhalten. Während die Presse sich auf die Wut der Leute konzentriert, die keine Reden gegen den Krieg hören wollen, trifft man überall auf Ablehnung des Krieges, über die nicht berichtet wird.

Einige Linke üben Kritik an Ihnen und anderen, beispielsweise an Noam Chomsky und Susan Sontag, weil Sie nach den Ursachen des Terrorismus fragen und die amerikanische Außenpolitik kritisieren.

Zur Zeit scheint sich eine Art Angst vor Diskussionen über die amerikanische Außenpolitik auszubreiten. Die Leute wollen nicht, dass man über die Ereignisse des 11. September auf folgende Weise zu sprechen beginnt: „Lasst uns nach den Ursachen des Terrorismus suchen. Lasst uns überprüfen, was hinter alledem steckt. Lasst uns prüfen, ob Aspekte der amerikanischen Außenpolitik damit zu tun haben oder ob alles nur durch den Fanatismus und die Irrationalität der Terroristen verursacht wurde." Sobald man über diese Themen zu sprechen beginnt, sobald man die amerikanische Außenpolitik problematisiert, behaupten einige Journalisten und Politiker, man rechtfertige die Terroranschläge.

Dadurch wird der Raum für Diskussion eingeschränkt: Wir wollen nur über *diese* Fragen sprechen; über die anderen wollen wir nicht reden. Wenn Leute eine Tagesordnung aufstellen und bestimmte Fragen von der Diskussion ausschließen, schränken sie unsere Redefreiheit stark ein. Sie schaffen außerdem eine gefährliche Situation, in der es keine Demokratie und keinen freien Austausch von Meinungen mehr gibt.

Seit dem 11. September wurde eine Atmosphäre geschaffen, in der es schwierig ist, die amerikanische Außenpolitik kritisch zu betrachten. Wir sollten sagen: „Ich erkenne, dass das, was geschehen ist, grauenhaft und furchtbar war. Wir müssen alles tun, um derartige Anschläge in Zukunft zu verhindern. Wir müssen Sicherheitsvorkehrungen ergreifen." Aber wir sollten darüber hinausgehen und prüfen, was wir auf lange Sicht tun können, um diese Probleme zu lösen.

Meiner Ansicht nach sollten wir die Ermahnungen, uns an die Tagesordnung zu halten, zu schweigen, die Regierung nicht zu kritisieren und nicht über die Außenpolitik zu sprechen, ignorieren. Wir müssen die Außenpolitik thematisieren, wir müssen die Geschichte thematisieren. Das wichtigste Täuschungsmittel der Machthaber besteht darin, die Öffentlichkeit in einem Zustand der Amnesie zu halten, sie daran zu hindern, über die Geschichte des Krieges, die Geschichte der Gewalt, die Geschichte der Täuschung durch die Regierung und die Geschichte der Mittäterschaft und Täuschung seitens der Medien nachzudenken.

Wenn mehr Menschen etwas über die Geschichte der Täuschung durch die Regierung wüssten, über die Lügen, die erzählt wurden, um uns zum Eintritt in den Krieg gegen Mexiko zu bewegen, über die Lügen, die erzählt wurden, um uns zum Eintritt in den Spanisch-amerikanischen Krieg zu bewegen, über die Lügen, die erzählt wurden, um uns zum Eintritt in den Krieg auf den Philippinen zu bewegen, über die Lügen, die erzählt wurden, um uns zum Eintritt in den Ersten Weltkrieg zu bewegen, über die Lügen, die uns immer wieder über Vietnam erzählt wurden, und über die Lügen am Vorabend des Golfkriegs – dann würden sie das, was sie von der Regierung und den Medien zur Rechtfertigung des Krieges zu hören bekommen, in Frage stellen.

Sie zitieren oft einen Satz des Journalisten I. F. Stone.

I. F. Stone zählte zu den großen Journalisten unserer Zeit. Wenn er vor Studenten von Journalismusschulen sprach, sagte er: „Von allen Dingen, die ich Ihnen heute sagen werde, sollten Sie sich vor allem zwei Worte merken: Regierungen lügen." Es ist sehr wichtig, das zu wissen. Andernfalls ist man dem ausgeliefert, was die Autoritäten sagen.

Nach Ihren Vorträgen an Universitäten werden Sie häufig gefragt, wo Sie die Informationen finden, die Sie in Ihren Reden verwenden. Was antworten Sie?

Wenn ein Student diese Frage stellt, antworte ich: Lassen Sie ein Seminar ausfallen und gehen Sie in die Bibliothek oder in einen Buchladen. Lesen Sie selbst nach, forschen Sie selbst. Wir müssen unsere Grenzen über das Unmittelbare hinausschieben, über das hinaus, was am 11. September geschehen ist. Wir müssen darüber nachdenken, wie wir die Gewalt in der Welt beseitigen können, wie wir den Terrorismus fanatischer Sekten und den Terrorismus von Regierungen beseitigen können.

Allerdings darf man die Massenmedien nicht ignorieren. Wenn man die *New York Times* gründlich liest, vor allem den Innenteil, wird man auf Berichte stoßen, die den meisten Amerikanern und sogar den meisten Lesern der *New York Times* unbekannt sind. Selbst orthodoxe Blätter wie *Time, Newsweek,* das *Wall Street Journal* und die *Business Week* drucken gelegentlich kritische Berichte ab. Ich erinnere mich, kurz nach dem 11. September in *Newsweek* einen Artikel mit dem Titel „Warum hassen sie uns?" gelesen zu haben.[55] Der Artikel erklärt tatsächlich sehr präzise, welche Aspekte der amerikanischen Politik im Nahen Osten Hass gegen die Vereinigten Staaten hervorgerufen haben.

Darüber hinaus gibt es alternative amerikanische Medien wie *The Nation, In These Times, Z Magazine* und *The Progressive. Dollars and Sense* liefert Informationen über die amerikanische Wirtschaft, die man an keinem anderen Ort findet. Beim „Center for Defense Information" in Washington kann man sich über den Rüstungswettlauf, über die Militarisierung, über den ABM-Vertrag und die atomare Aufrüstung informieren. Amnesty International hat wichtige Informationen über Menschenrechtsverletzungen veröffentlicht, ohne Rücksicht darauf, ob sie von Verbündeten oder Feinden der Vereinigten Staaten begangen wurden. Meines Erachtens ist es wichtig, auch einige der kleineren linksgerichteten Veröffentlichungen zu lesen, die Informationen und Analysen enthalten, die anderswo nicht zugänglich sind. Hierzu zählt die *International Socialist Review.*

Ferner empfehle ich stets, Noam Chomskys Bücher zu lesen, aber auch einige andere wie Ahmed Rashids *Taliban*, das tiefgründige Informationen über Afghanistan liefert.[56] Und man sollte Bücher lesen, die einen Überblick über die amerikanische Außenpolitik der letzten 20 oder 30 Jahre bieten, beispielsweise *Imperial Alibis* von Stephen Shalom.[57] Auch das Internet ist oft eine wertvolle Quelle von Informationen, die nicht in den Massenmedien zu finden sind.

Der Journalist John Reed, der das Buch Zehn Tage, die die Welt erschütterten *geschrieben und Widerstand gegen den Ersten Weltkrieg organisiert hat, veröffentlichte 1917 einen Aufsatz, der von heute stammen könnte, wenn man den Ausdruck „europäische Kriegswirren" durch „Afghanistan" ersetzt. Er schrieb: „Krieg bedeutet den widerwärtigen Wahnsinn der Masse, die Kreuzigung derjenigen, die die Wahrheit sagen, die Erstickung der Künstler, dem Ausweichen vor Reformen, Revolutionen und sozialen Kräften. In Amerika werden die Bürger, die gegen den Eintritt ihres Landes in den europäischen Krieg sind, bereits ‚Verräter' genannt, und diejenigen, die gegen die Beschränkung der dürftigen Rechte auf Meinungsfreiheit protestieren, werden als ‚gefährliche Verrückte' bezeichnet."*[58]

In den Vereinigten Staaten haben wir eine alte Tradition, abweichende Meinungen gerade dann zu unterdrücken, wenn sie besonders notwendig sind. Genau in den Zeiten, in denen Redefreiheit wichtig ist – wenn das Leben junger Menschen im Kriegsdienst und das Leben von Menschen im Ausland, die Ziel unserer

Militäraktionen werden könnten, auf dem Spiel steht –, sagen sie, man solle den Mund halten. Genau dann, wenn man Diskussionen und Freimut am dringendsten braucht. Redefreiheit besteht offenbar nur hinsichtlich trivialer Themen und hört auf bei Fragen, in denen es um Leben und Tod geht. Und das soll Demokratie sein. Das können wir nicht akzeptieren.

Es ist eine alte Geschichte. Außenpolitische Spannungen und Zeiten des Krieges, am Rand des Krieges oder auch des „Kalten Krieges" führen immer zur Beschneidung der Redefreiheit und der Bürgerrechte im Allgemeinen. Sie schaffen verschiedene Grade von Hysterie, je nach dem Ernst der Situation. Sie schaffen eine Atmosphäre, in der die Regierung die Bürgerrechte offiziell einschränken und – was vielleicht noch wichtiger ist – unter den Bürgern eine Intoleranz gegenüber abweichenden Meinungen erzeugen kann.

Die Regierung kann die Bürgerrechte zwar nur bis zu einem bestimmten Grad einschränken, aber wenn die Bevölkerung die restriktiven Vorstellungen der Regierung verinnerlicht, stoßen abweichende Stimmen überall in der Gemeinschaft auf Ablehnung. In den Vereinigten Staaten lässt sich dieser Mechanismus bis in das Jahr 1798 zurückverfolgen, als die „Alien and Sedition Acts" eine Hysterie gegen irische Revolutionäre schufen. Zu dieser Zeit, in der sich die Vereinigten Staaten in einem Kalten Krieg gegen Frankreich befanden, erhoben sich die Iren wieder einmal gegen England. Die Amerikaner befürchteten, die irischen Einwanderer brächten revolutionäre Gedanken über den Atlantik. Es gab auch französische Revolutionäre in den Vereinigten Staaten. Mit Zustimmung des Präsidenten John Adams verabschiedete der Kongress die „Alien and Sedition

Acts", die es der Regierung ermöglichten, Ausländer ohne Gerichtsverhandlung zu verhaften und auszuweisen; die Polizei erhielt gleichzeitig die Befugnis, jeden zu inhaftieren, der Kritik an der Regierung äußerte.[59] Es wurden zwar nur wenige Menschen ins Gefängnis geworfen, aber infolge der Gesetze schreckten viele davor zurück, ihre Meinung öffentlich kundzutun.

Im Ersten Weltkrieg, als John Reed die oben angeführten Zeilen veröffentlichte, sah sich die Regierung veranlasst, besonders hart gegen abweichende Meinungen vorzugehen. Als die Vereinigten Staaten in den Krieg eintraten, gab es zwei starke gesellschaftliche Gruppen, die den Kriegseintritt ablehnten und die Unterstützung von Millionen Amerikanern hatten. Bei der einen handelte es sich um die Sozialistische Partei. Die sozialistischen Zeitungen hatten etwa zwei Millionen Leser in den USA. Zu jener Zeit saßen sogar sozialistische Abgeordnete im amerikanischen Kongress. Bei der zweiten Gruppe handelte es sich um die Gewerkschaft „Industrial Workers of the World" (IWW).

Die Regierung sah sich genötigt, beide Gruppen zu unterdrücken, um den Kriegseintritt vorzubereiten und erfolgreich durchzuführen. Dazu scheute sie keine Anstrengungen. Als die Vereinigten Staaten in den Krieg eintraten, erließ der Kongress den „Espionage Act" und den „Sedition Act". Ersterer hatte trotz des Namens wenig mit Spionage zu tun. Er untersagte vielmehr Äußerungen, die „vorsätzlich die Rekrutierungs- und Anwerbungsbehörden der Vereinigten Staaten behindern"; Zuwiderhandlungen konnten mit bis zu 20 Jahren Haft bestraft werden.[60] Daraus folgte, dass Äußerungen gegen den Krieg als Behinderung der Rekrutierung von Soldaten gedeutet werden und Kriegsgegner vor Gericht gestellt werden konnten. Der „Sedition Act", ein Zusatz zum „Espionage Act", hatte noch drastischere Folgen. 2000 Menschen wurden aufgrund dieser Gesetze angeklagt und etwa 1000 kamen ins Gefängnis. Zu den Menschen, die wegen ihres Widerstands gegen den Ersten Weltkrieg inhaftiert wurden, zählte auch der große sozialistische Aktivist und Redner Eugene Debs. Die Zeitschrift *The Masses* wurde eingestellt. Massive Propagandabemühungen wurden unternommen, um die Amerikaner dazu zu bewegen, subversive Kräfte und Verräter zu denunzieren.

Im ersten Zusatz zur amerikanischen Verfassung heißt es: „Der Kongress soll kein Gesetz erlassen ... das Rede- und Pressefreiheit oder das Recht des Volkes, sich friedlich zu versammeln und an die Regierung eine Petition zur Abstellung von Missständen zu richten, einschränkt."[61] Hat das den Obersten Gerichtshof davon abgehalten, Debs und die Anführer der Antikriegsbewegung zu inhaftieren? Nein, er beschloss, dass es Zeiten gebe, in denen die Redefreiheit aufgehoben werden müsse, weil eine „klare und unmittelbare Gefahr" drohe. Welcher klaren und unmittelbaren Gefahr sah sich der Oberste Gerichtshof gegenüber, als er diese Entscheidung fällte? Es waren Menschen, die Flugblätter in den Straßen von New York verteilten und gegen die Wehrpflicht demonstrierten.

Genau genommen war Woodrow Wilson, der unsere jungen Männer in das Grauen des europäischen Krieges schickte, eine klare und unmittelbare Gefahr für die Nation. Es ist interessant, dass der Präsident, angeblich ein Liberaler, der einen Doktortitel in Politik hatte, historische Bücher veröffentlichte und Präsident der Universität Princeton gewesen war, diese Maßnahmen befürwortete. Damit dürfte die Vorstellung widerlegt sein, dass ein gebildeter Präsident weiser und moralischer ist als ein ungebildeter. Wilson und ebenso Theodore Roosevelt, der ebenfalls Akademiker und Schriftsteller war, widerlegen diese falsche Vorstellung.

Das Misstrauen gegenüber Ausländern, das im Ersten Weltkrieg geschürt wurde, führte gegen Ende des Krieges zu den Palmer-Razzien. Diese wurden übrigens auch durch einen Terrorakt veranlasst, ein Bombenattentat, das gegen den Bundesanwalt A. Mitchell Palmer gerichtet war. Die Regierung wusste zwar nicht, wer die Bomben gelegt hatte, aber das spielte keine Rolle. Etwas passiert, man weiß nicht, wer dafür verantwortlich ist, aber man nutzt die Gelegenheit, um gegen radikale Personen und Organisationen vorzugehen. Das geschieht in derartigen Situationen, und das ist im Falle der Palmer-Razzien geschehen. Die amerikanische Regierung verhaftete Tausende von ausländischen Staatsbürgern, durchsuchte Verbindungs- und Gemeindezentren, in denen sich Einwanderer trafen. In Boston wurden Hunderte von aneinander gefesselten Menschen durch die Straßen getrieben. Diese Leute wurden auf Schiffe verfrachtet und deportiert. Zu den berühmtesten Deportierten gehörten die Anarchisten Emma Goldman und Alexander Berkman.

In einer Rede über die Bedeutung des amerikanischen Unabhängigkeitstags für Schwarze hat Frederick Douglass, führender Verfechter der Sklavenbefreiung, einige interessante Bemerkungen über abweichende Meinungen gemacht: „Jetzt zu sagen, Amerika sei im Recht gewesen und England im Unrecht, ist eine übermäßige Vereinfa-

chung. Jeder kann das sagen, der Feigling kann sich ebenso wie der Tapfere über die Tyrannei Englands gegenüber den amerikanischen Kolonien auslassen. Das ist in Mode. Es gab jedoch eine Zeit, in der Äußerungen gegen England und für die Sache der Kolonien einen Mann auf die Probe stellten. Wer sich so äußerte, wurde seinerzeit als ein Störenfried, Agitator und Rebell, als ein gefährlicher Mann betrachtet. Sich mit dem Recht gegen das Unrecht zu stellen, mit den Schwachen gegen die Starken, mit den Unterdrückten gegen den Unterdrücker! [H]ierin liegt das Verdienst, eines, das in unserer Zeit besonders aus der Mode gekommen ist. Die Sache der Freiheit kann [heute] von Männern verletzt werden, die sich mit den Federn eurer Vorväter schmücken."[62]

Douglass spricht darüber, dass es in Mode ist, sich auf die Seite der Macht zu stellen, und dass jemand, der in einer Situation anders denkt, in einer anderen Situation Andersdenkende unterdrückt. Die amerikanischen Revolutionäre, die gegen England aufstanden, wurden bald zu Bewahrern des Status Quo, das heißt zu Befürwortern der Sklaverei und zu einer herrschenden Elite.

Die revolutionäre Geschichte liegt in den Vereinigten Staaten lange zurück. Die Kolonisten organisierten zivilen Ungehorsam gegen England, und in der Unabhängigkeitserklärung wurde der Grundsatz verkündet, Regierungen seien künstliche Gebilde, die „geändert oder abgeschafft" werden müssten, wenn sie nicht das Recht auf Leben, Freiheit und Glück gleichermaßen verteidigten.

Nur wenige Jahre nach dem siegreichen Unabhängigkeitskrieg wurde die neue amerikanische Regierung selbst zu einer konterrevolutionären Kraft. Die Verfassung wurde in einer Atmosphäre der Angst vor Aufständen entworfen, als der Shays-Aufstand in Massachusetts die Gründungsväter alarmierte. Es wurde deutlich, dass die Vereinigten Staaten es nicht tolerieren würden, dass andere Länder ebenfalls für die Unabhängigkeit kämpften, nachdem die amerikanischen Kolonien ihren Unabhängigkeitskrieg gewonnen hatten. Beispielsweise stellte sich die Regierung Jefferson, der paradoxerweise Menschen angehörten, die die Unabhängigkeitserklärung geschrieben hatten, gegen die schwarzen Aufständischen in Haiti, die erfolgreich gegen die Herrschaft der Franzosen kämpften. Die Vereinigten Staaten weigerten sich mehr als ein halbes Jahrhundert lang, die neue Republik Haiti anzuerkennen.

In den Jahrzehnten vor dem Amerikanischen Bürgerkrieg, zu Zeiten von Frederick Douglass, mussten Menschen, die für die Abschaffung der Sklaverei eintraten, um Leib und Leben fürchten. Wenn schwarze und weiße Gegner der Sklaverei flüchtigen Sklaven halfen, wurden sie gerichtlich verfolgt. Frederick Douglass' Bemerkung, die politischen Führer, die Lippenbekenntnisse über ihre Bewunderung für die Gründerväter ablegten, verletzten die Freiheit des amerikanischen Volkes, wird heute, im Krieg gegen Afghanistan, bestätigt. Diese Erkenntnis sollte diejenigen von uns, die an die Freiheit glauben, anspornen, Widerstand gegen die Zerstörung unserer Rechte zu leisten.

Am 13. November 2001 hat Präsident Bush einen Erlass unterzeichnet, der die Einrichtung von Militärtribunalen für mutmaßliche Terroristen gestattet. Er sagte, er kämpfe „gegen die bösesten Arten von Menschen, und ich muss diese außergewöhnliche Möglichkeit zu meiner Verfügung haben". Nach dem Erlass können die geheimen Tribunale „einen Angeklagten für schuldig [befinden], selbst wenn ein Drittel der Offiziere anderer Meinung ist, und ihn als Ausländer ohne Überprüfung durch ein Zivilgericht hinrichten".[63]

Wir hatten schon immer Militärgerichte für Verfahren gegen Militärangehörige, aber die Vorstellung von Militärgerichten für Zivilpersonen ist neu und wirklich sehr gefährlich. Sie eröffnet die Möglichkeit, ganz einfach die verfassungsmäßigen Rechte der Menschen zu beseitigen. Auch Bürger anderer Staaten sollen in den USA verfassungsmäßige Rechte haben. Diese verschwinden jedoch, wenn man Menschen vor ein Militärtribunal stellt.

Bushs Erlass führt geheime Gerichtsverfahren ein. Sie sind das Merkmal von Militärdiktaturen, die wir angeblich furchtbar finden. Nun aber wollen wir Geheimverfahren mit geheimen Beweismitteln und ohne notwendige Einstimmigkeit der Jury schaffen. Gegen diese Maßnahme sollten die Amerikaner wütend protestieren. Aber in der Atmosphäre, die durch die Ereignisse des 11. September geschaffen und von der Regierung Bush und den Massenmedien schamlos verschärft wurde, kann die Regierung beschließen, Menschen vor Militärgerichte zu stellen, und nur sehr wenige Stimmen melden sich dagegen zu Wort.

Die Presse hat kaum dagegen Stellung bezogen. Heute morgen habe ich in der Zeitung gelesen, dass Kerry Kennedy Cuomo eine Gedenkveranstaltung für ihren Vater, Robert Kennedy, besucht hat, auf der auch George Bush zugegen war. Bush und die anderen Regierungsvertreter haben zu diesem Anlass – heuchlerisch – das Hauptgebäude des Justizministeriums nach Kennedy benannt. Und seine Tochter hat den neuen Angriff auf die Bürgerrechte vor der Presse kritisiert, was sehr mutig von ihr war. Aber es gab nicht viele Stimmen dieser Art.[64]

Der eher konservative Publizist William Safire, der gewöhnlich anderer Meinung ist als wir, hat eine Kolumne verfasst, in der er schreibt, die Militärtribunale ließen an Orwell denken: Bushs „illegales Gericht kann Beweismittel verheimlichen, indem es die nationale Sicherheit vorschützt, [und] seine eigenen Regeln machen ... Nichtbürger stehen einer Exekutive gegenüber, die jetzt gleichzeitig Polizist, Staatsanwalt, Richter, Jury und Gefängnisaufseher oder Henker ist. Man fühlt sich merkwürdig an Orwell erinnert, wenn in Bushs Erlass dieser an die Sowjetunion gemahnende Gräuel als ein ‚gerechtes Verfahren' bezeichnet wird."[65]

Das ist bemerkenswert. Ich glaube, Safire ist sich für einen Moment seiner Aufgabe als Journalist bewusst geworden.

Nach dem 11. September hat Bush einen weiteren Erlass unterzeichnet, der Sie als Historiker besonders interessieren dürfte. Er hat den Zugang zu den Unterlagen des Präsidenten erschwert. Der New York Times *zufolge ermöglicht es der Erlass vom 1. November „einem amtierenden Präsidenten, die Papiere eines früheren Präsidenten geheim zu halten, selbst wenn der frühere Präsident ihre Veröffentlichung wünscht".*[66]

Der „Freedom of Information Act" war eine wichtige Errungenschaft der sechziger Jahre. Er war äußerst nützlich für Wissenschaftler und andere Bürger, die herausfinden wollten, was unsere Regierungen und Präsidenten getan haben. Die Amerikaner können etwas daraus lernen, wenn sie wissen, was ihre Präsidenten zu bestimmten Entscheidungen veranlasst hat. Genau aus diesem Grund scheint Bush den Zugang der Öffentlichkeit zu Regierungsunterlagen beschränken zu wollen.

Vieles von alledem erinnert mich wirklich an den Stalinismus. Man löscht die Geschichte aus und schließt die Bücher. Stalin wollte nicht, dass das russische Volk wusste, wer an der Russischen Revolution beteiligt war, weil er die Führer der Russischen Revolution ermorden ließ. Bush möchte nicht, dass das amerikanische Volk die krassen Motive hinter den Entscheidungen amerikanischer Präsidenten erkennt.

Vielleicht wurde Bush durch die öffentliche Enthüllung derjenigen Tatsachen, die durch die Freigabe der Tonbänder John F. Kennedys, Lyndon Johnsons und Richard Nixons bekannt wurden, dazu veranlasst. Wir haben erkannt, wie wenig wir darauf vertrauen können, dass die Regierung aus aufrichtigen Motiven handelt. Wir haben erfahren, dass Kennedy bereit war, seine Entscheidung über einen Abzug der Truppen aus Vietnam von seinen Aussichten bei den Wahlen von 1964 abhängig zu machen. Johnson fällte wichtige Entscheidungen über die Eskalation des Krieges in Vietnam ebenfalls in Abhängigkeit von seiner eigenen politischen Zukunft.

Johnson sagte zu Richard Russell, einem sehr konservativen Senator aus Georgia, der Johnson bezüglich Vietnam zu Besonnenheit riet, er wisse, dass in Vietnam viele Menschen ums Leben kommen würden. Aber, fügte er hinzu, „man würde einen Präsidenten, der den Schwanz einzieht, des Verrats bezichtigen, oder nicht?"[67] Soviel zum Thema Mut. Johnson zog lieber in den Krieg und opferte das Leben zahlloser Menschen, als die Möglichkeit, abgewählt zu werden, in Kauf zu nehmen. Die Tonbänder haben auch viel über Nixon enthüllt, unter anderem seinen erbitterten Antisemitismus.

Bush möchte nicht, dass das amerikanische Volk weiß, wie die Regierung funktioniert. Die Kinder lernen in der Schule anhand von Schaubildern die Struktur der amerikanischen Regierung mit ihren „checks and balances", ihren Kontrollen und Gegengewichten kennen. Das Bild entspricht jedoch nicht der Wirklichkeit. Und wenn es nach Bush geht, werden wir nicht herausfinden, wie Regierungen wirklich funktionieren.

Unlängst hat die New York Times *über neue Enthüllungen berichtet, denen zufolge Johnson wusste, dass der Zwischenfall im Golf von Tonking, der als Anlass zur Eskalation genommen wurde, künstlich inszeniert war.*[68] *Ist diese Information wirklich neu, oder erkennt die* New York Times *sie jetzt an, weil sie als Tatsache bestätigt wurde?*

Die Information, dass Johnson hinsichtlich des Zwischenfalls Zweifel hegte, war tatsächlich neu. Nicht neu war die Information, dass der Angriff auf den Zerstörer *Maddox* inszeniert war, dass der Angriff auf den Zerstörer *Turner Jay* fraglich war und dass die Zerstörer sich keineswegs auf einer „Routinemission" befanden, wie offiziell behauptet worden war, sondern auf einer

Spionageoperation gegen Nordvietnam. All das war seit langem bekannt.

Nach dem so genannten Zwischenfall im Golf von Tonking im August 1964 stellten sich Vertreter der amerikanischen Regierung immer wieder vor die Kamera und belogen die Öffentlichkeit über die Ereignisse. Johnson, Robert McNamara, Dean Rusk haben gelogen. Ihre Äußerungen führten dazu, dass der Kongress die Tonking-Resolution verabschiedete, die Johnson einen Blankoscheck für das Vorgehen in Südostasien verschaffte.

Eine Sache ist es zu sagen, wir haben herausgefunden, dass der Zwischenfall inszeniert war. Eine andere Sache ist es herauszufinden, dass der Präsident das wusste oder zumindest vermutete.

5. Krieg gegen Zivilisten

In seinem Buch Das Jahrhundert der Kriege *schreibt Gabriel Kolko: „Kriege werden durch den maßlos gesteigerten technischen Aufwand immer gewaltsamer und zerstörerischer und richten sich zunehmend auch gegen die Zivilbevölkerung." Nach einem Artikel in der* Boston Review *sind „in 170 Kriegen seit dem Ende des Zweiten Weltkriegs bis zu 35 Millionen Menschen getötet worden – davon 90 Prozent Zivilisten".*[69]

Kolko hat zweifellos Recht, dass der Krieg sich immer mehr zu einem Krieg gegen Zivilisten entwickelt hat. Im Ersten Weltkrieg war das Verhältnis von getöteten Soldaten zu getöteten Zivilisten wahrscheinlich etwa zehn zu eins. Nach dem Ersten Weltkrieg umfasste der Krieg zunehmend die Bombardierung von Städten. Das macht insbesondere der Zweite Weltkrieg sehr deutlich. Obgleich viele Leute auf den Schlachtfeldern ums Leben gekommen sind, starben wahrscheinlich noch mehr in Konzentrationslagern, in Gefangenschaft und bei den Bombenangriffen auf Dresden, Frankfurt und Hamburg. 100 000 Menschen sind allein in einer Nacht, in der Tokio bombardiert wurde, gestorben. Dazu kommen mehr als 200 000 Zivilisten, die in Hiroshima und Nagasaki getötet wurden. Hiermit kehrte sich das Verhältnis um, seither starben mehr Zivilisten als Soldaten.

Im Vietnamkrieg lag die Zahl der getöteten Zivilisten weit höher als die der getöteten Militärangehörigen. Das gilt auch für den Koreakrieg. Die meisten Amerikaner wissen gar nicht, was wir in Korea gemacht haben, aber Korea war ein Vorläufer von Vietnam, vor allem bezüglich des Einsatzes von Napalm und der Bombardierung von Dörfern. Dabei sind mehr als zwei Millionen Menschen getötet worden, von denen die meisten Zivilisten waren.

Der Krieg richtet sich heutzutage vor allem gegen Menschen, die nicht an den Kämpfen beteiligt sind. Schon allein aus diesem Grund kann Krieg auf keinen Fall zu den Mitteln zählen, Probleme in den internationalen Beziehungen zu lösen. In der katholischen Theologie und der Theorie des Krieges, die manchmal als „Theorie des gerechten Krieges" bezeichnet wird, sprechen einige von einem „Grundsatz der Verhältnismäßigkeit". Auch die Genfer Konvention äußert sich in dieser Richtung (siehe Anhang). Dieser Grundsatz war sehr wichtig für die Entscheidung, ob ein Krieg als gerecht oder ungerecht galt. Aber wenn der Krieg sich gegen Zivilisten richtet und die heute zugängliche Technologie der Massenvernichtung umfasst, werden die Verhältnisse furchterregend. Das gilt sogar für so genannte kleine Kriege. Seit dem Zweiten Weltkrieg hat es zahlreiche kleine Kriege gegeben, in denen „nur" eine Million Menschen getötet wurden, beispielsweise der Krieg zwischen dem Iran und dem Irak oder der Bürgerkrieg in Nigeria.

Der Krieg wird inakzeptabel und ungerecht, weil der Grundsatz der Verhältnismäßigkeit schon durch die Tatsache verletzt wird, dass die Technologie so zerstörerisch ist und sich der Mord an unschuldigen Menschen nicht vermeiden lässt.

Vor einiger Zeit haben Sie das Buch A History of Bombing *des Schweden Sven Lindqvist gelesen. Er schreibt, im Ersten Weltkrieg habe das Militär „verzweifelt nach einer neuen, mobileren Möglichkeit der Kriegführung gesucht: Der Luftkampf schien die naheliegendste Möglichkeit zu bilden; Angriffe auf die Zivilbevölkerung würden rasche Ergebnisse und Endsiege erzwingen."*[70]

Das Buch ist sehr interessant. Lindqvist geht zurück bis zum Ersten Weltkrieg, in dem zum ersten Mal nennenswerte Bombardierungen stattfanden, wenn sie auch nicht mit dem zu vergleichen sind, was später kommen sollte. Das Buch ist insbesondere deshalb so anregend, weil es daran erinnert bzw. Leser, die es nicht wissen (und ich vermute, viele Leute wissen es nicht), darauf hinweist, wie überlegt die Entscheidung der Alliierten im Zweiten Weltkrieg war, die Zivilbevölkerung zu bombardieren. Arthur Harris, der den Oberbefehl über die Bomberflotte in England hatte, Winston Churchill und die Berater Churchills fällten ganz bewusst die Entscheidung, die Bevölkerung in den deutschen Städten, die großenteils der Arbeiterklasse angehörten, zu bombardieren. Sie waren der Auffassung, dass sie auf diese Weise die Moral des deutschen Volkes zermürben und den Krieg gewinnen würden.[71]

Im Zweiten Weltkrieg flogen die Briten die Angriffe bei Nacht, die Amerikaner die Angriffe am Tag. Die Nachtangriffe waren Flächenbombardements, weil die Luftwaffe über keine Mittel verfügte herauszufinden, was sie bombardierte. Nach der Entscheidung hatten sie keine Hemmungen, Dresden, Hamburg, Frankfurt und die anderen deutschen Städte mit Flächenbombardements zu belegen.

Die Amerikaner behaupteten, präziser vorzugehen. Wir hatten die Norden-Zielgeräte und flogen nur während des Tages Angriffe.[72] Angeblich konnten wir unsere Ziele genauer lokalisieren und bombardierten nur militärische Einrichtungen. Aus meiner eigenen Erfahrung als Bombenschütze im Zweiten Weltkrieg kann ich jedoch sagen, dass die Norden-Zielgeräte aus 1200 Metern Höhe ungenau waren und aus 3500 Metern noch ungenauer. Aber wir warfen unsere Bomben aus über 9000 Metern Höhe ab. Und wenn man eine Bombe aus dieser Höhe abwirft, kann man unmöglich militärische Ziele genau identifizieren und treffen. Die Bomben werden irgendwo in einem Bereich von 400 Metern Durchmesser auftreffen. Demnach haben wir uns etwas vorgemacht, wenn wir behaupteten, Präzisionsbombardements durchzuführen. Wir töteten Zivilisten.

In *A History of Bombing* führt Lindqvist aus, dass Curtis LeMay, der später Chef des „Strategic Air Command", des strategischen Luftwaffenkommandos, wurde, nach Europa reiste, um Arthur Harris' Vorgehen zu studieren. „Hamburg und Dresden zeigten [LeMay], was geleistet werden konnte."[73] LeMay beobachtete die Taktik der Bombardierung von Zivilbevölkerungen. Dann begab er sich in den pazifischen Raum, wo er für die Entscheidung, Tokio zu bombardieren, verantwortlich war. In jener furchtbaren Frühlingsnacht des Jahres 1945 wurde Tokio in Brand gesteckt, und 100 000 Menschen starben. Jahre später, während des Vietnamkriegs, sagte Curtis LeMay, der sich Einiges von Arthur Harris abgeschaut hatte, über die Vietnamesen: „Wir werden sie zurück in die Steinzeit bombardieren."[74]

Es wird jedoch vorgebracht, heute hätten wir „intelligente Bomben", die ihr Ziel genau zu treffen vermöchten.

Die Behauptung, intelligente Bomben und die heutige Technologie ermöglichten Präzisionsbombardements, ist eine Lüge. Nach dem Golfkrieg stellte sich heraus, dass 93 Prozent der Bomben keine so genannten intelligenten Bomben waren und dass viele der intelligenten Bomben ihr Ziel verfehlt hatten. Insgesamt hatten 70 Prozent unserer Bomben ihr Ziel verfehlt.[75]

Während des 43-tägigen Krieges haben die Vereinigten Staaten 88 500 Tonnen Bomben über dem Irak abgeworfen. Das Ziel bestand in den Worten der *Washington Post* darin, „die gesamte irakische Gesellschaft kampfunfähig" zu machen. Der Berichterstatter Barton Gellman schrieb:

> Besonders gegen Kriegsende wurden einige Ziele hauptsächlich bombardiert, um nach dem Krieg mehr Kontrolle über den Irak zu haben ... Die Militärstrategen hofften, die Bombenangriffe würden die wirtschaftlichen und psychologischen Auswirkungen internationaler Sanktionen auf die irakische Gesellschaft verstärken ... Wegen dieser Ziele war die Schädigung ziviler Bauten und Interessen, die von Regierungsvertretern während des Krieges stets als „kollateral" und unbeabsichtigt bezeichnet wurde, in vielen Fällen weder das eine noch das andere."[76]

Das Resultat waren Zerstörungen und die Ermordung von Zivilisten mit so genannten intelligenten Bomben. In Afghanistan können wir das deutlich sehen. Unsere Flugzeuge werfen ihre Bomben aus großer Höhe ab, weil sie außerhalb der Reichweite von Flugzeugabwehrraketen bleiben wollen. Wenn man aus großer Höhe bombardiert, kann man, ganz gleich mit welcher Technologie, nicht wirklich sicher sein, was man trifft. Man kann auf der Erdoberfläche nichts erkennen. Man sieht Blitze und Explosionen, aber man hört keine Schreie, man sieht kein Blut, man sieht keine abgetrennten Gliedmaßen. Man sieht überhaupt nichts dergleichen.

In Afghanistan werden Dörfer und Wohngebiete bombardiert. In der heutigen Ausgabe der Zeitung sind – wie immer versteckt im Innenteil – Berichte von Afghanen über die Zerstörung ihrer Lehmhäuser durch amerikanische Bomber abgedruckt. Die Vereinigten Staaten haben ein Gebäude des Roten Kreuzes in Afghanistan nicht nur einmal, sondern zweimal bombardiert, obwohl sein Dach mit dem roten Kreuz gekennzeichnet und sein Ort genau bekannt ist. Präsident Bush fordert uns auf, an das Rote Kreuz zu spenden, aber er sollte uns gleichzeitig zumindest garantieren können, dass das amerikanische Militär das Rote Kreuz nicht bombardiert. Noch nachdem sich die Vereinigten Staaten für den ersten Bombenabwurf entschuldigt hatten, wurde ein drittes Geschoss auf denselben Gebäudekomplex des Roten Kreuzes abgefeuert. Die *New York Times* berichtete: „Ein amerikanisches Flugzeug, das Anweisung hatte, die Vorratslager des Roten Kreuzes zu beschießen, verfehlte sein Ziel und traf stattdessen ein nahe gelegenes Wohngebiet."[77]

Die Vereinigten Staaten töteten auch vier Afghanen, die ihr Leben riskierten, indem sie in Minensuchtrupps der Vereinten Nationen mitarbeiteten. Der Cousin einer der getöteten Männer sagte gegenüber dem *Boston Globe*: „Sie sind nicht Gott. Sie wollen jedes Objekt zielgenau bombardieren, aber sie können nicht gewährleisten, dass jedes Geschütz Osama [bin Laden] und die terroristischen Ausbildungslager trifft."[78]

Aus alledem wird deutlich, dass die Rede von intelligenten Bomben ein Versuch ist – der, wie ich befürchte, großenteils erfolgreich ist –, die amerikanische Öffentlichkeit davon zu überzeugen, dass unsere Bombardements human seien. Das ist sehr wichtig. Die Verschleierung unserer Handlungen gegen die afghanische Bevölkerung ist wesentlich. Die meisten Menschen stellen eine Art Rechnung über den Krieg an, eine moralische Rechnung – nicht etwa, weil sie einer Theorie des gerechten Krieges anhingen. Wenn sie wüssten, dass wir eine große Zahl von Menschen töten und Hunderttausende aus ihren Häusern vertreiben, würden sie den Krieg in Afghanistan nicht so wohlwollend betrachten. Sie würden sich nicht einfach hinter die Regierung stellen. Daher ist es für die Regierung so wichtig, die menschlichen Folgen unserer Bombardements zu verschleiern. Und wenn man sie gegenüber dem amerikanischen Volk verschleiert, ist leicht verständlich, dass die Leute der Meinung sind, wir richteten keine großen Schäden an und es lohne sich daher, Afghanistan anzugreifen, wenn es zur Beseitigung des Terrorismus führt.

Worin bestehen diese menschlichen Folgen?

Es ist klar, dass Zivilisten durch die Bombenangriffe ums Leben kommen. Ich habe den Bericht über einen Angriff auf das Dorf Gudara am 1. Dezember gelesen. „Das Dorf existiert nicht mehr", sagte ein Überlebender. „Meine ganze Familie kam ums Leben, zwölf Personen.

Ich bin der Einzige, der von meiner Familie übrig geblieben ist. Ich habe meine Kinder und meine Frau verloren. Sie leben nicht mehr."[79]

Berichte wie dieser kommen nicht in den Blick der Öffentlichkeit und werden so gut wie nie im landesweiten Fernsehen gesendet, aus dem die meisten Amerikaner ihre Nachrichten beziehen. Außerdem sind sie so verstreut, dass sie die Vorstellung bestärken, die Bombardierung sei ein seltenes Ereignis, ein Unfall, ein unglücklicher Fehler. Walter Isaacson, Geschäftsführer von *CNN*, sagte gegenüber seinen Angestellten, es sei „pervers, zu sehr auf die Opfer und das Leiden in Afghanistan zu fokussieren". Und ein Geschäftsführer des *News Herald* aus Panama ermahnte seine Mitarbeiter: „Zeigt auf Seite 1 *keine* Fotos, auf denen zivile Opfer des amerikanischen Krieges in Afghanistan zu sehen sind", weil bei einer anderen Zeitung desselben Verlags Beschwerden eingegangen waren.[80]

Das Pentagon hat die Wahrheit über die Opfer bewusst heruntergespielt. In Reaktion auf einen Bericht der Vereinten Nationen, amerikanische Flugzeuge hätten eine Moschee in der Nähe von Herat bombardiert, erklärte Victoria Clarke, eine Sprecherin des Pentagon: „Wir wählen unsere Ziele sehr sorgfältig aus. Unsere Ziele sind militärischer Natur. Unser Ziel ist die Al-Qaida. Sie ist es, die wir verfolgen. Es gibt unbeabsichtigte Schäden. Soweit wir das beurteilen können, waren sie bisher äußerst gering."[81]

In Washington, weit weg vom Kriegsgeschehen, bestätigen Vertreter des Pentagon diese Beteuerungen. Die *Washington Post* schrieb, dass „nahezu alle Informationen [über den Krieg in Afghanistan] vom Pentagon, das weit vom Geschehen entfernt ist, veröffentlicht [wurden], und ein Großteil davon ist veraltet und schwammig". Das erinnert mich an die Antwort von General Colin Powell, Bushs Außenminister, der seinerzeit Vorsitzender der „Joint Chiefs of Staff" war, auf die Frage, wie viele Irakis im Golfkrieg getötet worden seien: „Diese Zahl interessiert mich nicht besonders."[82]

Die Berichte, die aus den Dörfern, aus den Krankenhäusern, in denen die Verwundeten liegen, und von der pakistanischen Grenze kommen, wohin sich die Menschen vor den Bomben geflüchtet haben, zeichnen allerdings ein anderes Bild. Die Agence France-Presse berichtet:

> In Pakistan eintreffende Flüchtlinge ... erzählten, wie zwanzig Menschen, darunter neun Kinder, getötet wurden, als sie versuchten, auf einem Traktor mit Anhänger vor einem Angriff aus dem südafghanischen Ort Tirin Kot zu fliehen.
>
> Ein Überlebender, Abdul Maroof, 28, sagte, die Verletzten hätten vergeblich um Hilfe geschrien, nachdem der Traktor auf einer abgelegenen Landstraße, weit entfernt vom nächstgelegenen Krankenhaus, getroffen worden sei.
>
> Flüchtlinge aus Herat, die sechs Tage bis zur Ostgrenze nach Pakistan unterwegs gewesen waren, erzählten über grauenhafte Zerstörungen entlang der Hauptstraße nach Kandahar. „Kandahar wurde vollständig zerstört. Alles hat sich in einen Steinhaufen verwandelt ...", sagte der Flüchtling Abdul Nabi.[83]

Im Boston Globe habe ich einen furchtbaren Bericht über die Intensivstation des Krankenhauses in Jalalabad gelesen, das voller „Opfer der amerikanischen Bombenangriffe [war], deren blutige Gesichter Fassungslosigkeit ausdrückten":

> In einem der Betten lag Noor Mohammad, 10, der nur noch aus Verbänden zu bestehen schien. Er hatte durch die Bombe, die nach dem Abendessen am Sonntag sein Haus getroffen hatte, Augen und Hände verloren. Der Direktor des Krankenhauses, Guloja Shimwari, schüttelte seinen Kopf, während er die Wunden des Jungen betrachtete. „Die Vereinigten Staaten müssen glauben, er sei Osama", sagte Shimwari. „Wenn er nicht Osama ist, warum würden sie sonst so etwas tun?"
>
> ... Vergangenes Wochenende wurden 17 Leichname in das Leichenschauhaus des Krankenhauses gebracht. Die Angestellten schätzen, dass in mehreren Dörfern mindestens 89 Zivilisten getötet wurden.
>
> Gestern konnte man im Krankenhaus genau sehen, wie eine Bombe das Leben einer Familie zerstört. Die Bombe hatte den Vater, Faisal Karim, getötet. In einem Bett lag seine Frau, Mustafa Jama, die schwere Kopfverletzungen erlitten hatte ... Um sie herum lagen sechs ihrer Kinder in Verbänden, von der 18-jährigen Brishna bis zum 10-jährigen Raheem. Eines der Kinder, Zahidullah, 8, lag im Koma.[84]

Barry Bearak schrieb am 15. Dezember 2001 über die Zerstörung von 15 Häusern im afghanischen Dorf Madoo. Sie seien „durch amerikanische Bomben in Sägespäne und Staub verwandelt" worden, wobei 55 Menschen ums Leben gekommen seien. „In der Nacht warfen sie die Bomben auf uns, während wir schliefen", sagte Paira Gul, der seine Schwestern und deren Familien durch diesen Bombenangriff verlor. „Die meisten Toten sind Kinder", meinte ein anderer Dorfbewohner. Bearak kommentiert, die Bewohner von Madoo würden „wahrscheinlich nie erfahren, ob die Bomben absichtlich oder irrtümlich abgeworfen wurden, und die Angelegenheit wird inmitten der umfassenderen Folgen des Krieges vergessen werden".[85]

Die Zitate stammen aus den wenigen Berichten, die Journalisten unter den äußerst schwierigen Umständen verfassen konnten. In der *Washington Post* hieß es: „Die Reporter haben unter Beschränkungen gearbeitet, die noch restriktiver waren als jene, die der Gemeinschaft [von Journalisten] im Golfkrieg 1991 auferlegt worden waren." Am 5. Dezember hielten sich Journalisten in Camp Rhino auf, einem Marinestützpunkt in Afghanistan, als sie erfuhren, amerikanische Soldaten seien durch ihre eigenen Leute ums Leben gekommen. Ein B-52-Bomber hatte zwei amerikanische Soldaten getötet. Obgleich die Leichname, die zum Stützpunkt gebracht wurden, nur 100 Meter von der Unterkunft der Journalisten entfernt waren, durften sie sie nicht sehen und keine Fotos machen.[86]

Wenn wir in der ausländischen Presse, in den Pressemitteilungen oder in einem der wenigen Berichte der amerikanischen Massenmedien etwas darüber lesen, dass unschuldige Menschen bombardiert werden, sollten wir an all die anderen Zwischenfälle denken, über die nicht berichtet wird. Wir müssen uns die unerzählten Geschichten vorstellen.

Wir müssen uns auch eine weitere Frage stellen: „Handelt es sich wirklich um einen Unfall, wenn Zivilisten durch unsere Bomben sterben?" Selbst wenn man der Behauptung des Pentagon Glauben schenkt, der Tod von Zivilisten sei unbeabsichtigt – kann man es wirklich als Unfall bezeichnen, wenn immer wieder Zivilisten unter den Opfern sind und es vorhersehbar ist, dass sie es weiterhin sein werden? Wenn der Tod von Zivilisten bei den Bombardements unvermeidbar ist, wie Donald Rumsfeld zugestanden hat, ist er kein Unfall. Die Menschen, die diesen Krieg führen, begehen Morde. Sie begehen terroristische Akte.[87]

1998 haben Sie eine interessante Korrespondenz mit einem irakischen Arzt geführt, Mohammed Al-Obaidi, der in London lebte.

Ja, im Dezember 1998 erhielt ich eine E-Mail aus London. In diesem Monat war die Bombardierung des Irak durch die Vereinigten Staaten besonders intensiv. Al-Obaidis E-Mail kam für mich ganz unerwartet. Ich glaube, er hatte etwas von mir gelesen. Er schrieb, er habe den Irak verlassen, weil Saddam Hussein seinen Vater und seinen Bruder umgebracht habe. Er sei nach London gezogen, um dort eine Arztpraxis zu eröffnen. Er sagte, er wende sich an mich, weil wenige Tage zuvor eine amerikanische Cruise Missile das Haus seiner Mutter am Stadtrand von Bagdad getroffen und seine Schwägerin, also die Witwe seines von Hussein umgebrachten Bruders, sowie ihre drei Kinder getötet habe. Er schrieb, Saddam Hussein und Bill Clinton hätten gemeinsam seine Familie ausgelöscht.[88]

Ich habe diese Geschichte über das Internet so weit wie möglich verbreitet, weil ich dachte, sie könnte auf andere Menschen den gleichen Eindruck machen wie auf mich. Die abstrakte Vorstellung, dass die Vereinigten Staaten den Irak bombardierten, hatte für mich kaum eine Bedeutung, bis ich die Geschichte eines Menschen und seiner Familie las. Das ist ein grundsätzliches Problem, wenn wir Nachrichten über Bombenangriffe lesen. Wenn man die Statistiken liest, wie viele Menschen starben, haben wir keine Vorstellung von der Wirklichkeit, bis wir sie in einem oder zwei Menschen verkörpert sehen.

Ein Grund dafür, dass wir so schockiert und entsetzt über die Ereignisse des 11. September waren, besteht darin, dass wir die Opfer von nahem gesehen haben, immer wieder. Wir sahen Haufen von Schutt und Menschen, die aus Fenstern sprangen. Und wir sahen die Gesichter von Menschen, die sich vor der Katastrophe in Sicherheit zu bringen suchten. Nachdem der erste Schock vorüber war, musste ich daran denken, dass andere grauenhafte Ereignisse in anderen Teilen der Welt stattgefunden hatten, die uns nie viel bedeutet hatten.

Ich habe auch daran gedacht, dass ich als Bombenschütze Bomben aus einer Höhe von über 9000 Metern abgeworfen, aber nie einen Menschen gesehen hatte. Mir wurde bewusst, dass Szenen wie die, die ich im Fernsehen sah, die Szenen aus New York und Washington, sich in den europäischen Städten, die ich bombardiert hatte, abgespielt haben mussten, aber das hatte nie eine Bedeutung für mich gehabt. Ich hatte in einem „guten Krieg" gekämpft. Ich hatte eine Aufgabe gehabt. Ich war auf der richtigen Seite gewesen. Im Krieg gibt es immer eine richtige und eine falsche Seite, und man selbst ist auf der richtigen. Und wenn man beschlossen hat, auf der richtigen Seite zu sein, ist alles erlaubt. Es spielt keine Rolle, was mit den anderen geschieht.

Das gilt zweifellos auch für die Leute, die die unvorstellbaren Anschläge des 11. September verübt haben.

Ja, sie kämpften für eine Sache, sie meinten, auf der richtigen Seite zu sein, und daher waren die Menschen, die ums Leben kamen – die 3000 Menschen, die zermalmt und verbrannt wurden –, nur Zahlen für sie. Genauso, wie die Hunderttausende von Opfern im Irak nur Zahlen für uns sind; wie die Menschen in Hiroshima und Nagasaki für Harry Truman nur Zahlen waren. Wir sollten uns ins Gedächtnis rufen, dass Truman Hiroshima als ein militärisches Ziel bezeichnete. Als Truman die Bombardierung bekanntgab, sagte er: „Die Welt wird zur Kenntnis nehmen, dass die erste Atombombe auf Hiroshima, einen Militärstützpunkt, abgeworfen wurde. Das geschah, weil wir in diesem Angriff, so weit wie möglich, den Tod von Zivilisten vermeiden wollten." Daran musste ich denken, als ich ein Zitat von Oberstleutnant Dave Lapan las, der im Pentagon arbeitet. Auf die Frage, ob Zivilisten in Afghanistan getötet würden, erwiderte er: „Wurden Zivilisten getötet? Vielleicht. Wenn sie getötet wurden, so geschah das, weil sie sich in der Nähe eines militärischen Ziels aufhielten."[89]

6. Die Logik des Krieges

Die Zeitschrift *Rolling Stone* hat Sie gefragt, was Sie in ein Päckchen stecken würden, das an die Zukunft geschickt werden könnte. Ihre Antwort war eigentümlich. Sie sagten: Bob Dylans Lied mit dem Titel „Masters of War".[90]

Zuletzt habe ich das Lied „Masters of War" heute morgen im Auto angehört. „Masters of War" wäre ein gutes Geschenk an die Zukunft. Ich würde auch andere Lieder von Bob Dylan hinzufügen, die außergewöhnlich aussagekräftig sind. Seine Lieder über George Jackson, Hurricane Carter und Emmett Till sind eindrücklich und kraftvoll. Sie sprechen auf eine schockierende Weise über unsere Zeit und unsere Zivilisation.[91]

Unlängst habe ich ein Konzert von Bob Dylan in Boston besucht, auf dem er zwei weitere Lieder gegen den Krieg gesungen hat: „John Brown" und „Blowin' in the Wind", in dem die erschütternden Zeilen vorkommen: „Ja, wie viele Tote braucht es noch, bis er weiß / dass zu viele Menschen gestorben sind?" In „John Brown" wird die Geschichte eines Soldaten erzählt, der entstellt aus einem Krieg zurückkehrt und auf dem Bahnhof von seiner Mutter empfangen wird:

Erinnerst du dich nicht, Mutter, als ich in den
    Krieg zog,
Dachtest du, es sei das Beste, was ich tun konnte?
Ich war auf dem Schlachtfeld, du zu Hause ... stolz.
Du warst nicht da in meiner Haut.

Oh, und ich dachte, als ich da war, Gott, was tue
ich hier?
Ich versuche, jemanden zu töten, oder sterbe
beim Versuch.
Dann kam das, was mich am meisten erschreckte,
als mein Feind mir nahekam
Und ich sah, dass sein Gesicht genauso aussah
wie meins.[92]

Ich denke, wir müssten der Zukunft auch positive, aufmunternde Geschichten schenken. Vielleicht einige der Lieder von Pete Seeger, Bruce Springsteen oder Ani Di Franco, in denen gefeiert wird, was Leute beim Widerstand gegen Unterdrückung leisten können.

Ein anderes Lied von Bob Dylan scheint besonders gut in unsere Zeit zu passen: „With God on Our Side". George Bush hat kürzlich gesagt: „Gott ist in diesem Konflikt nicht neutral." Die Regierung Bush scheint zu denken, Gott sei auf ihrer Seite, genauso wie Osama bin Laden Gott auf seiner Seite wähnt.[93]

Wenn Gott nicht neutral wäre, wäre Bush schon verschwunden … Allerdings habe ich mich nie mit Gottes Neutralität beschäftigt.

Alle amerikanischen Präsidenten haben sich auf Gott berufen. In Anbetracht der so genannten Trennung von Kirche und Staat ist es eine Ironie, dass jeder Präsident davon besessen zu sein scheint, Gott anzurufen, um uns zu segnen. Ronald Reagan hat geschrieben: „Vielleicht enthüllt kein Brauch unseren Charakter als Nation deutlicher als unsere Feier des Thanksgiving Day.

Die Praxis des Erntedanks, die tief in unserem jüdisch-christlichen Erbe verwurzelt ist, unterstreicht unseren unerschütterlichen Glauben an Gott als Grundlage unserer Nation und unser festes Vertrauen auf Ihn, von dem aller Segen ausgeht."[94] Bush beruft sich mehr auf Gott als alle anderen. Wenn man noch seine Reden über einen „Kreuzzug" gegen die Hintermänner der Anschläge vom 11. September hinzunimmt, erscheinen die Vereinigten Staaten in der Position einer Kreuzfahrernation, die Gott auf ihrer Seite hat.[95]

Es ist bezeichnend, dass Gott herangezogen wird, wenn die Regierung Gewalt ausübt. Vielleicht braucht man gerade dann verzweifelt Unterstützung, wenn man Gewalttaten verübt. Diese Vorgehensweise ist sehr schädlich. Sie nutzt die Tatsache aus, dass viele Menschen in den Vereinigten Staaten an Gott glauben, in die Kirche gehen und sich Gott als eine moralische Kraft vorstellen. Man benutzt Gott, um den unmoralischen Akt schlechthin zu rechtfertigen, den Krieg.

1915 schrieb Eugene Debs in einem Brief an die New York Sun: „Wenn ... die Vereinigten Staaten glaubhaft bewiesen, dass sie die Barbarei und das Gemetzel des Krieges ablehnen, indem sie eine Friedenserklärung verkünden und den Nationen der Welt durch Abrüstung mit gutem Beispiel vorangehen, wäre diese Bereitschaft nicht nur in Übereinstimmung mit ihren gepriesenen Idealen, sondern eine tausendfach größere Garantie für den Respekt ihrer Nachbarn und für ihre eigene Sicherheit und den Frieden, als wenn sie mit allen Werkzeugen des Todes und der Zerstörung auf Erden bewaffnet wären."[96]

Debs sprach von „Bereitschaft", weil der Krieg in Europa ausgebrochen war und die Amerikaner, obwohl die Vereinigten Staaten noch nicht in den Krieg eingetreten waren, über die Bereitschaft zum Kriege zu sprechen begannen. Das amerikanische Militär rüstete auf, und Debs hat das erkannt. Er argumentierte, der beste Weg bestehe darin, den Glauben an den Frieden zu erklären und die Kriegsvorbereitungen einzustellen. Wenn man sich auf den Krieg vorbereitet, werden Tendenzen in Richtung auf einen Kriegseintritt geschaffen. Das haben wir viele Male gesehen.

Debs stellte auch die Vorstellung in Frage, dass die Aufwendung von mehr Geld für Waffen (oder für „Verteidigung") ein Weg zur Erhaltung des Friedens sei. Das verweist auf die neuerliche Debatte über ein nationales Raketenabwehrsystem.

Die Regierung Bush fordert die Schaffung eines Raketenabwehrsystems. Das tut nicht nur die Regierung, sondern auch die Demokratische Partei, die nur theoretisch eine Oppositionspartei ist, faktisch aber die Politik der Regierung unterstützt, vor allem die Außenpolitik. Die Demokraten befürworten das Raketenabwehrsystem, obwohl sie in der Vergangenheit das Star-Wars-Programm kritisiert und auf die von Wissenschaftlern immer wieder vorgebrachten Einwände hingewiesen haben, dass die Sache einfach nicht funktionieren werde. Die Tests, die entwickelt wurden, um zu beweisen, dass die Raketenabwehr funktioniert, haben nur bewiesen, dass sie nicht funktioniert. Gegen die Raketenabwehr gibt es ein weiteres zwingendes Argument.

Durch die Kündigung des 1972 mit der Sowjetunion geschlossenen ABM-Vertrags wird die Möglichkeit eines größeren Wettrüstens geschaffen. Man fordert die anderen Länder heraus, Waffen zu entwickeln, die das Schutzschild der Vereinigten Staaten durchbrechen können. Die Geschichte der Waffentechnik zeigt, dass auf jede Entwicklung in der Abwehrtechnik bald eine Entwicklung in der Angriffstechnik folgte. Die Franzosen errichteten die Maginotlinie, die sie gegen eine deutsche Invasion schützen sollte, und als sie erbaut war, war sie bereits veraltet.

Die Raketenabwehr dient im Grunde dazu, den Unternehmen, die für die Aufträge zur Installation des Systems mehrere Milliarden Dollar erhalten, Profite zu verschaffen. Das amerikanische Volk wird im großen Stil bestohlen. Man erinnere sich an das Zitat des früheren Generals und Präsidenten Eisenhower: „Jedes Gewehr, das produziert wird, jedes Kriegsschiff, das vom Stapel läuft, jede Rakete, die abgefeuert wird, bedeutet letztlich einen Diebstahl an denen, die Hunger leiden und nicht mit Nahrung versorgt werden, die Kälte erleiden und nicht mit Kleidung versorgt werden. Die bewaffnete Welt verpulvert nicht nur Geld. Sie verpulvert den Schweiß ihrer Arbeiter, den Genius ihrer Wissenschaftler und die Hoffnung ihrer Kinder."[97]

Rosa Luxemburg, die aus Polen stammende Revolutionärin, schrieb 1911, „dass der Militarismus in seinen beiden Formen – als Krieg wie als bewaffneter Friede – ein legitimes Kind, ein logisches Ergebnis des Kapitalismus ist".[98] Gibt es einen Zusammenhang zwischen dem Krieg und dem kapitalistischen Wirtschaftssystem?

Selbstverständlich gibt es einen Zusammenhang zwischen Kapitalismus und Krieg. Das bedeutet aber nicht, dass es nur diese beiden Größen sind, die in ihrer spezifischen Verbindung von Bedeutung sind. Schon vor dem Kapitalismus hat es Kriege gegeben, und vorkapitalistische Regierungen haben sich an Kriegen beteiligt. Die Sowjetunion hat Kriege angezettelt. Sie war allerdings weder ein sozialistisches noch im traditionellen Sinne ein kapitalistisches Land; man hat ihr System manchmal als „Staatskapitalismus" bezeichnet.

Es bedarf zwar nicht der Existenz einer kapitalistischen Gesellschaft, damit es einen Krieg gibt, aber der Kapitalismus wird durch den Krieg genährt, und der Krieg wird durch den Kapitalismus genährt. Sobald es Gesellschaften gibt, deren Grundlage das Profitstreben ist, konkurrieren Staaten um die Ausbeutung anderer Völker und um Rohstoffe. Die konkurrierenden Nationen werden früher oder später gegeneinander Krieg führen. Es ist bekannt, wie viele Kriege um Kolonien, Rohstoffe und billige Arbeitskräfte geführt wurden. Das nennt man Imperialismus.

Da der Kapitalismus auf dem Profit basiert, macht er Kriege zwischen Staaten um wirtschaftliche Ressourcen wahrscheinlich oder gar unvermeidlich.

Ferner muss Folgendes bedacht werden. Im Kapitalismus machen waffenproduzierende Unternehmen durch den Verkauf von Kriegsmaterial riesige Gewinne. Daher freuen sie sich über Kriegsvorbereitungen und den Eintritt in einen Krieg. Wenn ein Krieg vorbereitet wird, kann man mit der Regierung Verträge schließen und viel Geld machen, und wenn man in einen Krieg eintritt, werden die Produkte verbraucht und müssen ersetzt werden.

Zwischen Kapitalismus und Krieg besteht ein enger Zusammenhang, und ich vermute, wenn die Schaffung einer Welt ohne Kapitalismus gelingen und die Herrschaft des Profitstrebens abgeschafft werden könnte, wären zwar die Gewalt, die Konflikte und die Kriege noch nicht vollständig abgeschafft, man wäre diesem Ziel aber sehr viel näher gekommen.

7. Nicht in unserem Namen

Die Vereinigten Staaten haben eine lange Tradition von Antikriegsbewegungen und Pazifismus.

Diese Tradition ist tatsächlich alt, aber sie war nicht immer siegreich. Den Antikriegsbewegungen ist es sehr selten gelungen, Einfluss auf die Kriegstreiber zu nehmen, es gab jedoch von der amerikanischen Revolution bis heute Bewegungen gegen den Krieg. Auch innerhalb der amerikanischen Armee gab es Meutereien von Soldaten, die sich über den Krieg und seinen Klassencharakter empörten – der sich in ihrem Elend und dem Luxus der Offiziere zeigte.

Im Krieg gegen Mexiko von 1846 bis 1848 gab es Fälle von Fahnenflucht in der amerikanischen Armee. Viele der Soldaten in jener Zeit waren Einwanderer, die erst kurz zuvor in die Vereinigten Staaten gekommen waren. In diesem Krieg gab es ein ganzes irisches Regiment. Sobald die Soldaten in den Krieg zogen, erkannten sie, welch ein Gemetzel er bedeutete, und verloren ihre Illusionen. Einige Soldaten liefen zu den Mexikanern über und formierten sich zum San Patricio Battalion. Noch heute feiern die Mexikaner die Helden dieses Bataillons alljährlich.

Der Amerikanische Bürgerkrieg war komplexer, weil er sowohl gegen die Sklaverei wie auch für die Vormacht der industriellen und finanziellen Interessen des Nordens geführt wurde, der das Land in einen einheitlichen, profitablen Markt verwandeln wollte. Dieser Krieg, der ein moralisches Element hatte, nämlich die

Sklaverei zu beseitigen, konnte dennoch wegen seines Klassencharakters nicht die Zustimmung der gesamten Arbeiterklasse finden. Die Reichen konnten sich durch Zahlung von 300 Dollar dem Kriegsdienst entziehen. Das war der Nährboden aller Aufstände gegen den Kriegsdienst, die 1863 in New York und anderen Städten stattfanden. Sie zählen zu den größten Aufständen der amerikanischen Geschichte.

Dann gab es da noch den Spanisch-Amerikanischen Krieg.

Ja, die Öffentlichkeit wurde gegen die Spanier aufgehetzt. Es wurde die Lüge verbreitet, die Spanier hätten das Kriegsschiff *Maine*, das im Hafen von Havanna lag, in die Luft gejagt. Niemand fragte, was die *Maine* in Kuba zu suchen hatte, aber das wurde zum Anlass des Krieges. (Übrigens wurde Jahre später bekannt gegeben, dass die *Maine* aufgrund eines technischen Defekts explodiert war.) Der Krieg war sehr kurz, daher gab es kaum eine Möglichkeit, dass sich eine Antikriegsbewegung herausbilden konnte.

Kurz auf den Spanisch-Amerikanischen Krieg folgte der Krieg auf den Philippinen, der sich mehrere Jahre hinzog. Es formierte sich Widerstand gegen diesen Krieg. Mark Twain und andere bekannte Amerikaner gründeten die „Anti-Imperialist League". Einige der schwarzen Soldaten desertierten und kämpften auf der Seite der Filipinos, denen sie sich verwandter fühlten als ihren weißen Offizieren.

Twain hat beißende Aufsätze über den Krieg auf den Philippinen und den amerikanischen Imperialismus geschrieben.

Ja, er hat wunderbare Texte verfasst. Einer von ihnen trägt den Titel „Das Kriegsgebet":

> Oh Herr, unser Gott, hilf uns, ihre Soldaten mit unseren Geschossen zu blutigen Fetzen zu zerreißen; hilf uns, ihre prächtigen Felder mit den blassen Gestalten ihrer toten Patrioten zu bedecken; hilf uns, den Donner der Geschütze in den Schreien der Verwundeten zu ertränken, die sich in Schmerzen winden; hilf uns, ihre einfachen Häuser durch einen Feuersturm zu vernichten; hilf uns, die Herzen ihrer unschuldigen Witwen mit vergeblichem Kummer zu quälen; hilf uns, sie mit ihren Kindern obdachlos zu machen, damit sie freundlos die Öde ihres verwüsteten Landes durchstreifen, zerlumpt, hungernd und durstig.[99]

Im Ersten Weltkrieg war die Antikriegsbewegung bedeutend größer.

Ja, im Ersten Weltkrieg gab es trotz der repressiven Maßnahmen der Regierung eine starke Antikriegsbewegung. Selbst im Zweiten Weltkrieg haben sich Menschen öffentlich gegen den Krieg ausgesprochen. Wie der Amerikanische Bürgerkrieg hatte der Zweite Weltkrieg ein moralisches Moment, das allerdings schwer von den kruden Motiven der Leute zu trennen war, die den Kriegseintritt der Vereinigten Staaten befürworteten. Ja, wir wollten Hitler und den Faschismus bekämpfen. Wir waren Zeugen des Mordes an den Juden und an anderen Menschen und der Aggression gegen andere Länder. Dazu gesellte sich jedoch ein weniger edles Motiv, das im Wunsch der Westmächte bestand – die selbst expansionistisch und brutal vorgegangen waren, um rund um den Erdball Kolonien zu erwerben –, die Japaner und die Deutschen von den Gebieten fernzuhalten, die sie selbst unter Kontrolle behalten wollten. Einige Leute in den Vereinigten Staaten haben das erkannt und sind gegen den Krieg eingetreten. Zugegebenermaßen handelte es sich um eine winzige Minderheit. Es gab isolationistischen und rechtsgerichteten Widerstand gegen den Zweiten Weltkrieg, der teilweise sogar nationalsozialistisch orientiert war, aber ein Teil des Widerstands war pazifistisch motiviert. Etwa 6000 Amerikaner wurden inhaftiert, weil sie sich weigerten, im Zweiten Weltkrieg zu kämpfen.

In der amerikanischen Vorstellung ist der Zweite Weltkrieg immer noch ein „guter Krieg". Es gibt jedoch auch beunruhigende Erinnerungen: die Bombenabwürfe auf Hiroshima und Nagasaki, die Enthüllung, dass wir bei der Bombardierung Dresdens vielleicht 100 000 Menschen getötet haben, die Tatsache, dass wir rücksichtslos Zivilisten bombardiert haben. Es war ein „guter Krieg", aber er beseitigte nicht den Rassismus, die Tyrannei und die Aggression in der Welt. Hitler, Japan und Mussolini waren besiegt, aber jetzt gab es zwei Supermächte, die sich beide mit Atomwaffen ausrüsteten und in mehreren Regionen der Welt um die Herrschaft rangen.

Ich habe gesagt: Die Antikriegsbewegungen haben die amerikanische Politik kaum beeinflusst. Vietnam war die Ausnahme. Der Krieg in Vietnam dauerte lang genug, so dass das amerikanische Volk die Täuschung durch die Regierung erkennen und von den Gräueltaten gegen das vietnamesische Volk erfahren konnte.

Viele amerikanische Soldaten sind aus dem Krieg heimgekehrt und haben Organisationen wie die „Vietnam Veterans Against the War" gegründet. 1966 waren etwa zwei Drittel der Amerikaner für den Krieg, 1969 waren zwei Drittel dagegen. Das war ein dramatischer Sinneswandel. Zum ersten Mal gab es eine Antikriegsbewegung, die stark genug war, Einfluss auf die Regierungspolitik zu nehmen.

Dieser Einfluss wird aus den internen Memoranden der Regierung ersichtlich. Wenn man die Pentagon-Papiere liest – die nicht dazu gedacht waren, vom amerikanischen Volk gelesen zu werden, die aber in einem Akt zivilen Ungehorsams 1971 veröffentlicht wurden –, sieht man, wie groß die Angst der Regierung vor Anti-Kriegs-Protesten war. Die Regierung erkannte, wie schwierig die Fortführung des Krieges war, wenn so viele Menschen sich der Einberufung entzogen und gegen den Krieg demonstrierten. Außerdem waren ihr 1967 und 1968 die Aufstände der Schwarzen in den Städten Anlass zur Sorge, die zwar nicht unmittelbar gegen den Krieg gerichtet waren, aber mit ihm in Zusammenhang standen. Die Eskalation des Vietnamkriegs bewirkte die Vernachlässigung der Menschen in den Schwarzenghettos der Vereinigten Staaten. Martin Luther King jun. wies auf diesen Zusammenhang ausdrücklich hin.

Während des Vietnamkriegs entwickelte sich die erste Antikriegsbewegung, die breit und stark genug war, um Einfluss auf die Regierungspolitik auszuüben. Offenbar hat die Regierung etwas aus diesem Krieg gelernt. Sie hat gelernt, dass ein Krieg schnell beendet werden muss, bevor eine Antikriegsbewegung entsteht.

Sie haben geschrieben, der Widerstand gegen den Vietnamkrieg sei von einer kleinen Minderheit ausgegangen und habe sich dann durch harte und geduldige Arbeit zu einer landesweiten, wirkungsmächtigen Bewegung entwickelt. Wie ist die heutige Antikriegsbewegung im Lichte dieses historischen Vorbilds zu beurteilen?

Heute hat es viel früher Aktionen gegen den Krieg gegeben. Schon bevor wir uns im Kriegszustand befanden, hatten Leute Teach-ins, Kundgebungen, Demonstrationen usw. veranstaltet. Während des Vietnamkriegs entwickelten sich die Dinge viel langsamer. Ich erinnere mich an das Frühjahr 1965, als die ersten großen Bombenangriffe gegen Vietnam geflogen wurden. Wir veranstalteten in Boston eine Kundgebung gegen den Krieg, an der sich 100 Leute beteiligten. Vergangenen September fand noch vor den Bombenangriffen auf Afghanistan eine Kundgebung in Boston statt, an der 1000 Leute teilnahmen. In San Francisco und New York demonstrierten Tausende gegen den Krieg. In diesem Krieg fand die Antikriegsbewegung viel schneller Zulauf als im Vietnamkrieg.

Es gibt Spekulationen, dass Bush mit diesem Krieg dem „Vietnam-Syndrom" den Garaus machen möchte, um dem Militarismus der Vereinigten Staaten mehr Legitimität zu verschaffen.

Das Vietnam-Syndrom ist ein interessantes Phänomen. Es beruht wahrscheinlich auf der Tatsache, dass wir in Vietnam einen langen, immer weniger populären Krieg gefochten haben, der beim amerikanischen Volk letztlich keine Unterstützung mehr fand. Infolgedessen musste die amerikanische Regierung schmählich abziehen, allerdings offensichtlich entschlossen, die Niederlage nicht zu wiederholen oder als Zeichen der Schwäche Amerikas gelten zu lassen. Daher war das Vietnam-Syndrom in aller Munde, die Angst, einen Krieg ohne Unterstützung durch das amerikanische Volk zu führen.

Meines Erachtens geht das Gespenst Vietnams immer noch um. Die Amerikaner ziehen im Allgemeinen ungern in den Krieg, bis der Präsident aktiv wird und dann die Medien aktiv werden, so dass eine Atmosphäre entsteht, in der der Krieg gerechtfertigt erscheint. Die *New York Times* druckte einen interessanten Artikel, in dem die Frage gestellt wird, ob die Vereinigten Staaten in Afghanistan in ein „neues Vietnam" gerieten. Und sie druckte den äußerst lesenswerten Brief eines früheren Angestellten der amerikanischen Botschaft in Vietnam ab, der auf die Ankündigung reagierte, die Vereinigten Staaten würden weitere „Berater" nach Afghanistan schicken: „Schaffen wir jetzt die gleiche Art von Vorwand, bis wir eine sechsstellige Zahl von Soldaten haben, die die Höhlen von Afghanistan durchsuchen – vielleicht mit ähnlich erschütternden Folgen?" Und jetzt schicken die Vereinigten Staaten „Berater" auf die Philippinen, darunter 85 spezielle Ausbilder, die „entsendet wurden, um den Kampf gegen einen islamischen Aufstand zu unterstützen". Der *Boston Globe* schrieb: „Für Amerikaner, die sich an die Ursprünge des amerikanischen Krieges in Vietnam erinnern, ist die Nachricht besorgniserregend, dass das Pentagon 660 militärische Berater entsendet, um die philippinischen Streitkräfte im Kampf gegen die als Abu Sayyaf bekannte radikalislamische Gruppe zu unterstützen."[100]

Unmittelbar nach dem Vietnamkrieg machte sich die amerikanische Regierung an die Aufgabe, das Vietnam-Syndrom systematisch auszumerzen, um dem Volk den Krieg wieder schmackhaft zu machen, wie sie es nach dem Zweiten Weltkrieg getan hatte. Für viele Menschen war der Krieg nicht mehr akzeptabel, und die Regierung musste etwas unternehmen, um ihn wieder akzeptabel zu machen.

Tatsächlich haben die Vereinigten Staaten im selben Jahr, in dem der Vietnamkrieg endete, Militäraktionen durchgeführt, die dazu dienten, den Stolz auf ihre Macht zu stärken. Zu den ersten Gelegenheiten zählte die Mayaguez-Affäre, eine kleine Episode der amerikanischen Geschichte, die heute in Vergessenheit geraten ist. Gegen Ende des Vietnamkriegs, im Mai 1975, setzte Kambodscha ein amerikanisches Handelsschiff, die *Mayaguez*, mitsamt Besatzung fest. Das winzige Kambodscha bemächtigte sich eines amerikanischen Handelsschiffes. Die kambodschanische Regierung erklärte, das Schiff habe sich in ihren Gewässern aufgehalten, und sie sei berechtigt, es festzusetzen. Die Vereinigten Staaten wurden sofort aktiv, auch wenn es keine Hinweise darauf gab, dass die Besatzung schlecht behandelt wurde.

Zu jener Zeit war Gerald Ford Präsident. Henry Kissinger, sein Berater, hatte bereits seit einiger Zeit gesagt, die Vereinigten Staaten müssten etwas tun, um ihr Ansehen in der Welt wiederherzustellen. Für Kissinger brachte militärische Verwegenheit stets Ansehen mit sich. Daher führten die Vereinigten Staaten sogleich einen Feldzug, vorgeblich zur Befreiung der Matrosen der *Mayaguez*. In einem Anfall von Wahnsinn bombardierten sie eine kleine Insel, Tang, von der man fälschlicherweise glaubte, dort würden die Matrosen festgehalten. Man könnte fragen: „Warum sollte man eine Insel bombardieren, wenn man glaubt, die Matrosen befänden sich dort?"

Daraufhin eroberte die Marine der Vereinigten Staaten die Insel. Zu diesem Zeitpunkt befanden sich die Matrosen der *Mayaguez* schon wieder auf dem Weg in die Freiheit. Die kambodschanische Regierung hatte die Matrosen freigelassen, aber die Vereinigten Staaten eroberten die Insel Tang. Mehr als 40 Amerikaner kamen dabei ums Leben.[101] Diese völlig unsinnige militärische Intervention sollte zeigen, dass die Vereinigten Staaten immer noch stark waren – als ob die Fähigkeit, das winzige Kambodscha einzuschüchtern, ein Zeichen dafür wäre, dass man eine Großmacht ist.

Es folgten weitere Versuche, das so genannte Vietnam-Syndrom zu beseitigen, etwa als Ronald Reagan zu Beginn seiner Amtszeit in Grenada einmarschierte. Auch das ist etwas lächerlich. Man wählt ein winziges Land, mit dem man ganz klar fertig wird, um zu zeigen, wie stark man ist. Wir marschierten unter allerlei Vorwänden und Rechtfertigungen in Grenada ein, die sich allesamt als falsch entpuppten.

Der Golfkrieg war ein schwerwiegenderer Versuch, das Vietnam-Syndrom auszumerzen. Im Gegensatz zur Mayaguez-Affäre und zum Einmarsch in Grenada war der Golfkrieg ein richtiger Krieg. Die Regierung hat sich alle Mühe gegeben, um sicherzustellen, dass er nicht die gleichen Folgen haben würde wie der Vietnamkrieg, das heißt, dass keine Antikriegsbewegung entstehen würde. Obgleich der Irak eine fünftklassige Militärmacht war, stellte die amerikanische Regierung die militärische Stärke des Irak in einer Propagandakampagne übertrieben dar. Saddam Hussein wurde als außerordentlicher Gegenspieler dargestellt: Wir würden etwas Großartiges leisten, wenn wir den Irak besiegten. Die Regierung stellte sicher, dass die Presse keinen genauen Einblick in die Ereignisse erhielt, weil sie mit Schrecken daran dachte, dass die Presse während des Vietnamkriegs über die Gräueltaten berichtete, die wir begingen. Sie beschloss, den Krieg schnell zu beenden. Nach einem Luft- und einem kurzen Bodenkrieg brachen die irakischen Truppen schnell zusammen, und die Vereinigten Staaten erklärten sich zum Sieger.

Unmittelbar nach dem Sieg über den Irak sagte Bush sen. in einer Radioansprache ausdrücklich: „Das Gespenst Vietnam wurde im Wüstensand der arabischen Halbinsel für immer begraben."[102] Für diesen Präsidenten eine wunderbar poetische Aussage. Das Vietnam-Syndrom ist jetzt also angeblich beseitigt. Das bedeutet, dass das amerikanische Volk den Krieg akzeptieren wird. Meiner Ansicht nach ist daran etwas Wahres. 1991 lag der Vietnamkrieg gut 15 Jahre zurück, und das amerikanische Volk glaubte im Wesentlichen, dass wir in den Krieg gezogen waren, um Kuwait zu retten.

Wir durften aber nicht über die Fragen nachdenken, die wirklich hinter dem Krieg der Vereinigten Staaten gegen den Irak standen. Wir dürfen nicht darüber nachdenken, was hinter der so genannten Sympathie für Kuwait steht. Wir dürfen nicht an Öl denken. Als im Senat über die Gesetzgebung debattiert wurde, die Präsident

Bush berechtigte, in den Irak einzumarschieren, riefen ein paar junge Leute von der Empore: „Kein Blut für Öl!"[103] Die Demonstranten wurden natürlich sogleich entfernt. Das amerikanische Volk sollte nicht auf die Idee kommen, Öl sei ein Grund für den Krieg.

Der größte Teil des amerikanischen Volkes schenkte den Argumenten der Regierung tatsächlich Glauben, man müsse gegen den Tyrannen Saddam Hussein vorgehen. Daher war Bushs Behauptung, das Vietnam-Syndrom sei begraben, teilweise gerechtfertigt. Aber meines Erachtens stimmt sie nicht ganz. Ich glaube, in der amerikanischen Bevölkerung lebt eine Erinnerung an Vietnam fort, die nicht ausgemerzt werden kann. Immer, wenn wir einen neuen Krieg beginnen, taucht die Frage auf: „Wird das ein neues Vietnam?" Die Frage taucht in der Presse auf, und die Leute stellen sie sich selbst.

Meines Erachtens hatte Abraham Lincoln Recht. Man kann einige Menschen immer hinters Licht führen, und man kann alle Menschen eine Zeit lang hinters Licht führen. Aber man kann nicht alle Menschen immer hinters Licht führen. Die Menschen in den Vereinigten Staaten haben gemerkt, was in den Südstaaten mit den Schwarzen geschah, und die Bürgerrechtsbewegung entwickelte sich zu einer landesweiten Bewegung. Die Menschen haben gemerkt, was in Vietnam geschah, und es entwickelte sich eine große, landesweite Antikriegsbewegung.

Man sollte daher nicht aufgrund der Umfrageergebnisse und der Nachrichten glauben, die Regierung werde sich immer durchsetzen und die Menschen immer hinters Licht führen.

Wie wichtig ist die Tatsache, dass Bush die Wahlen gewonnen hat?

Zu den wichtigsten Dingen, die man in Bezug auf die Politik lernen muss, gehört, dass nicht wirklich entscheidend ist, wer im Weißen Haus sitzt, sondern wer – wer auf den Straßen, in den Kantinen, in den Empfangsräumen und in den Fabriken sitzt. Wichtig ist, wer protestiert, Büros besetzt und demonstriert. Diese Dinge entscheiden darüber, was passiert.

Die Entscheidung des Obersten Gerichtshofs im Fall „Brown vs. Board of Education", die sich gegen die Doktrin rassisch getrennter Ausbildung aussprach, wurde unter der republikanischen Regierung Eisenhower gefällt. Zu jener Zeit war ein Republikaner Vorsitzender des Obersten Gerichtshofs, und Republikaner saßen zusammen mit Demokraten im Gericht. Wie konnte unter diesen Umständen diese wichtige Entscheidung gefällt werden? Wurden die Mitglieder des Obersten Gerichtshofs durch eine plötzliche Eingebung erleuchtet? Haben sie plötzlich erkannt: „Mein Gott, wir haben den 14. Zusatz zur Verfassung falsch interpretiert"? Nein. Der einzige Grund dafür, dass die Entscheidung 1954 getroffen wurde, bestand darin, dass sich die Welt außerhalb des Gerichtshofs verändert hatte.

1954 hatte sich die Bürgerrechtsbewegung zwar erst ansatzweise entwickelt – ein Jahr später fand der Busboykott von Montgomery statt, erst mehrere Jahre später kam es zu den Sit-ins, die den Kern der Bewegung bildeten –, aber in den Südstaaten machte sich die Unzufriedenheit bereits deutlich bemerkbar. Fünf verschiedene Fälle, bei denen die Rassentrennung angegriffen wurde, kamen vor den Obersten Gerichtshof. „Brown vs. Board of Education" war nur einer der fünf Fälle. An vielen Orten im Süden protestierten Schwarze gegen die Rassentrennung. Dabei riskierten sie ihr Leben. Der Pfarrer Joseph DeLaine wurde in South Carolina aus seinem Dorf gejagt, weil er gegen die Rassentrennung in der Schule eintrat. Seine Kirche wurde niedergebrannt, und man erklärte ihn für justizflüchtig.[104] Das war ein typischer Fall. Viele Menschen mussten durch die Hölle gehen, überall im Land. Der Fall Brown und die anderen wären nicht vor den Obersten Gerichtshof gekommen, wenn es nicht diese Widerstandsakte gegeben hätte.

Gleichzeitig waren die Vereinigten Staaten in den Kalten Krieg gegen die Sowjetunion verwickelt. Es handelte sich um einen Konflikt um die Herrschaft über die Dritte Welt, die eine nicht-weiße Welt ist. 1954 mussten die Vereinigten Staaten den Ländern der Dritten Welt beweisen, dass sie etwas gegen die Rassentrennung unternahmen. Die Staatsanwälte im Fall „Brown vs. Board of Education" argumentierten tatsächlich, das Gericht solle in Erwägung ziehen, was im Rest der Welt geschehe und wie die Vereinigten Staaten im Ausland gesehen würden. Der Generalstaatsanwalt Herbert Brownell forderte den Obersten Gerichtshof auf, die Rassentrennung zu verurteilen, weil sie „Wasser auf die Mühlen der kommunistischen Propaganda" sei.[105]

Es gab mit anderen Worten großen – inneren und äußeren – Druck auf den Obersten Gerichtshof und die Regierung, der Wirkung zeigte. Die Richter schließen sich nicht ab von der Welt, hocken in ihren Kammern und lesen den Wortlaut der Verfassung so lange, bis ihnen etwas klar wird. Ihr Geist wird auch durch die Dinge aufgeklärt, die in der Welt umhergeistern.

Sie wirken oft optimistischer als andere linke Autoren.

Ob man optimistisch oder pessimistisch ist, dürfte auch davon abhängen, was genau man betrachtet. Wir leben in einer sehr komplexen Gesellschaft. Tausende und Abertausende von Bildern nimmt man über das Fernsehen und die Medien auf. Die Dinge, die in den Zeitungen erscheinen, und die Bilder, die man sieht, sind „wichtigen" Personen zuzuordnen. In den Zeitungen liest man vor allem, was der Präsident sagt, was der Außenminister oder der Verteidigungsminister gestern gesagt hat usw. Wenn man die Aufmerksamkeit, die Regierungsvertretern gewidmet wird, mit der vergleicht, die normalen Menschen zuteil wird, so stellt man einen riesigen Unterschied fest. Wenn man die Bilder im Fernsehen und die Artikel in den Zeitungen ernst nimmt und als repräsentativ für unsere Gesellschaft deutet, ist das sehr entmutigend. Denn man erfährt Dinge, die den Status quo bestätigen. Man erfährt nichts über Zeichen des Widerstands.

Es gibt jedoch ständig Tausende von Dingen, die überall stattfinden und über die in den Massenmedien nicht berichtet wird. Es gibt Hinweise auf eine enorme Energie in den Dörfern und Städten im ganzen Land – auf die Energie von Menschen, die gute und wertvolle Dinge tun. In den Vereinigten Staaten gibt es Tausende von Organisationen, die in Bereichen wie Rassengleichheit, Frauenemanzipation, Umweltschutz oder Antimilitarismus arbeiten. Ihre Arbeit taucht allerdings nicht im Fernsehen auf.

Es gibt eine Gegenkultur. Im ganzen Land gibt es Gemeindezeitungen und eine erstaunliche Zahl von alternativen Zeitungen und Buchläden. Wenn einem das bewusst ist – wenn man seine Aufmerksamkeit darauf richtet und sich von den Bildern der Großen und weniger Großen aus Washington nicht überwältigen lässt –, kann man das große Potential für Veränderung in den Vereinigten Staaten erkennen.

Viele Menschen sprechen so, als gäbe es keine Alternative zum System, das wir heute haben. Welche Aussichten würden Sie einer sozialistischen Politik zubilligen, ein breiteres Publikum zu erreichen?

Meines Erachtens hat der Zusammenbruch der Sowjetunion vor zehn Jahren die Möglichkeiten stark verbessert, über einen Sozialismus zu sprechen, der nicht mit dem Makel des Stalinismus, eines Polizeistaats und des Gulags behaftet ist. Wir können zur ursprünglichen Vision des Sozialismus zurückkehren, die uns Menschen in den Vereinigten Staaten vor der Entstehung der Sowjetunion vermittelt haben, Leute wie Eugene Debs, Helen Keller und Jack London. Diese Vision kann Menschen inspirieren, sie hat in den Vereinigten Staaten um die Jahrhundertwende Millionen von Menschen inspiriert. Ich glaube, die Möglichkeit dazu ist wieder gegeben.

Es ist sicherlich viel Erziehung notwendig, aber gleichzeitig ist offensichtlich, dass die Menschen kein Vertrauen in die staatlichen Institutionen haben. Die *Business Week*, nicht gerade eine proletarische Zeitung, hat vor etwa einem Jahr eine Umfrage durchgeführt, die zum Ergebnis kam, dass die meisten Menschen den Großunternehmen und vor allem ihrem Einfluss auf die Politik misstrauisch gegenüberstehen.[106] Das Misstrauen ist ein Hinweis auf die heute existierende Entfremdung und damit auf die Möglichkeiten, den Menschen neue Ideen zu präsentieren.

Bush scheint zu meinen, die Menschen in den Vereinigten Staaten hätten ihre Freiheiten und die Erweiterung ihrer Rechte vor allem durch Krieg errungen.

Der Krieg hat unsere Freiheiten immer verringert. Wenn unsere Freiheiten erweitert wurden, so geschah das nicht infolge von Kriegen oder Handlungen der Regierung, sondern infolge von Handlungen der Bürger. Das lässt sich am besten anhand der Geschichte der Schwarzen in den Vereinigten Staaten überprüfen, der Geschichte von Sklaverei und Rassentrennung. Nicht die Regierung hat die Bewegung gegen die Sklaverei ins Leben gerufen, sondern weiße und schwarze Gegner der Sklaverei. Die Regierung hat auch nicht den Kampf gegen die Rassentrennung in den fünfziger und sechziger Jahren initiiert, sondern die Bürgerbewegung im Süden. Nicht die Regierung hat den Menschen die Freiheit geschenkt, acht statt zwölf Stunden täglich zu arbeiten. Die Arbeiter selbst haben die Gewerkschaften gegründet, gestreikt und sich der Polizei entgegengestellt. Die Regierung war auf der anderen Seite. Die Regierung hat immer die Arbeitgeber und die Unternehmen unterstützt.

Die Freiheit der Arbeiter und die Freiheit der Schwarzen hing vom Kampf der Menschen selbst gegen die Regierung ab. Wenn wir die Geschichte betrachten, können wir nicht auf die Regierung vertrauen, dass sie unsere Freiheiten bewahrt. Wir müssen auf unsere eigenen organisierten Anstrengungen vertrauen.

Die Geschichte lehrt uns außerdem, dass man niemals auf seine gesetzlich verbürgten Rechte vertrauen sollte. Man darf nie glauben, dass man nur auf ein Gesetz oder die Verfassung zu verweisen bräuchte, um zu sagen: „Seht, das steht hier geschrieben, also steht es mir zu." Denn wer immer in einer bestimmten Situation die Macht hat, legt fest, ob einem die verbrieften Rechte tatsächlich zustehen, ganz gleich, was die Verfassung und die Gesetze sagen. In unserer Gesellschaft ist das die Normalsituation. Die Menschen haben um ihre Rechte gekämpft, und sie haben die Rechte auf dem Papier erhalten. Dann kommt die Realität der Macht und des Geldes ins Spiel, und die auf dem Papier verbürgten Rechte sind nicht mehr viel wert. Man muss dafür kämpfen, dass sie verwirklicht werden.

Sie zitieren gerne eine Frage aus Ignazio Silones Roman Fontamara, *die auch heute von vielen Leuten gestellt wird: „Was sollen wir tun?"*[107]

Ja, die aufständischen italienischen Bauern in Silones Roman fragen: „Was tun?" Zu den Dingen, die wir heute tun können, gehört meines Erachtens, Verbindungen zur arbeitenden Bevölkerung herzustellen und den Kampf um Arbeiterrechte, wo immer wir nur können, zu unterstützen. Zu jedem beliebigen Zeitpunkt sind überall in den Vereinigten Staaten Menschen an Arbeitskämpfen und Streiks beteiligt gewesen – beispielsweise haben die Lehrer und die Pflegekräfte gestreikt. Oft kümmern sich andere Menschen nicht um diese Kämpfe, weil sie denken „Das ist eine Sache der Lehrer" oder: „Das ist die Angelegenheit des Pflegepersonals, aber nicht meine". Es ist jedoch sehr wichtig, einen Sinn für Solidarität zu entwickeln, eine gemeinschaftliche Solidarität. Meiner Ansicht nach ist jede Aktion für wirtschaftliche Gerechtigkeit, die eine Ausweitung des Interesses bewirken und die gesamte Gemeinschaft betreffen kann, von größter Bedeutung. Wir müssen eine Verbindung zwischen diesen Fragen herstellen, zwischen den Angriffen auf die arbeitende Bevölkerung, der Rezession, den Steuersenkungen für die Unternehmen, den Angriffen auf unsere bürgerlichen Freiheiten und den Kriegen, die in unserem Namen und mit unseren Steuergeldern geführt werden.

Wir haben viel zu tun. Wir alle sind Lehrer und Redner. Wir alle haben Kontakte, wir alle haben Nachbarn, wir alle arbeiten irgendwo, wir alle können Leserbriefe schreiben, wir alle können Kundgebungen organisieren. Wir alle können durch Streiks und Boykotte zivilen Ungehorsam demonstrieren. Wir alle können tun, was zu anderen Zeiten der amerikanischen Geschichte getan wurde, als es notwendig war, eine landesweite Bewegung aufzubauen, um der Regierung zu sagen: „Nein, ihr sprecht nicht für uns. Ihr tut das nicht für uns. Ihr tut das nicht in unserem Namen."

Bushs Popularitätsrate erreichte kurz nach den Anschlägen nahezu 90 Prozent. Sein Vater genoss gegen Ende des Golfkriegs eine ähnliche Popularität, die jedoch rasch schwand, so dass er die Wahlen 1991 gegen Clinton verlor.

In all unseren Kriegen seit dem Zweiten Weltkrieg haben wir ähnliche Umschwünge in der öffentlichen Meinung erlebt. Im Vietnamkrieg gab es einen extremen

Stimmungswandel. In den folgenden Kriegen – namentlich in Grenada, Panama und am Golf – hat man zunächst den Aufrufen Folge geleistet, die forderten: „Unterstützt den Präsidenten", „Unterstützt unsere Soldaten". Sobald die anfängliche Kriegshysterie zurückging, änderte sich jedoch die Reaktion, die Leute wachten sozusagen auf, schauten sich um und erkannten, dass im Grunde nichts erreicht worden war und stattdessen Menschen ums Leben gekommen waren.

Die anfängliche Zustimmung zur Invasion in Panama 1989 beruhte auf der vagen Vorstellung, dass wir Manuel Noriega fassen müssten, weil er angeblich für den Drogenhandel verantwortlich war. Die Vorstellung gleicht der, dass Osama bin Laden der einzige Mensch sei, der für den Terrorismus verantwortlich ist. Man konzentriert sich auf eine Person, anstatt sich auf das übergreifende Problem zu besinnen, weil das übergreifende Problem mit den Methoden der Regierung offensichtlich nicht zu lösen ist, wohingegen berechtigte Hoffnung besteht, das beschränkte Ziel zu erreichen und Noriega zu fassen. Natürlich hat man ihn gefasst und inhaftiert – und der Drogenhandel ging weiter, ja nahm sogar noch zu.

Aus diesen Gründen erwarte ich, dass die 90 Prozent Zustimmung für Bush, die in den Medien und von der Regierung gefeiert wurden, abnehmen werden. Ich weiß allerdings nicht, wie rasch dies geschehen wird. Ich glaube, wir werden einen deutlichen Meinungsumschwung erleben, sobald die Menschen sich umschauen und fragen, „Was haben wir erreicht?"

Ich vermute, dass die unterdrückte Geschichte der Tausende von Opfern in Afghanistan ans Tageslicht kommen wird.[108] Derartige Wahrheiten werden irgendwann enthüllt, trotz des Informationsmonopols der Massenmedien und der Regierung. In den Vereinigten Staaten gibt es einige Orte, an denen Informationen dieser Art gespeichert werden. Es dauert nur einige Zeit, bis sie den Rest der Öffentlichkeit erreichen. Dann wird es eine neue moralische Bewertung des Grundsatzes der Verhältnismäßigkeit geben. Die Menschen werden erkennen, dass wir unsere Ziele nicht erreicht – nicht einmal die begrenzten Ziele der Regierung –, aber Afghanistan verwüstet haben. Nach der moralischen Neubewertung wird die Zustimmung für die Regierung meines Erachtens langsam zurückgehen.

Welchen Einfluss wird Ihrer Meinung nach die gegenwärtige wirtschaftliche Rezession auf Bushs Popularität haben?

Die gegenwärtige Rezession hat auf zahlreiche Menschen bereits eine sehr unmittelbare Wirkung gehabt, aber diese Tatsache wurde durch die enorme Aufmerksamkeit verdeckt, die man dem Krieg entgegengebracht hat. In dem Maße jedoch, in dem die Kriegsberichterstattung an Bedeutung verliert, werden die Folgen der wirtschaftlichen Rezession in den Vordergrund treten. Das wird eine wachsende Unzufriedenheit der Öffentlichkeit mit der Regierung Bush zur Folge haben, vielleicht sogar eine Unzufriedenheit mit der Demokratischen Partei, die sich in der ganzen Angelegenheit so erbärmlich servil verhalten hat.

Meines Erachtens wird sich die Unfähigkeit des kapitalistischen Systems, fundamentale Probleme zu lösen, immer deutlicher zeigen. Wenn die Regierung Bush zusätzliche 48 Milliarden Dollar für das Militär fordert, wird der Haushalt der staatlichen Einrichtungen für Arme und Kranke, Medicare und Medicaid, beschnitten, es gibt kein Geld mehr für Ausbildung und Kindergärten, und im Winter wurde darüber berichtet, dass Obdachlose auf der Straße starben und Familien ihre Heizkosten nicht mehr bezahlen konnten. Die unverantwortliche Verschwendung des Reichtums der Nation zu einer Zeit, in der viele grundlegende Bedürfnisse nicht erfüllt sind, wird den Menschen bewusst werden.

Der jüngste Zusammenbruch der riesigen Enron Corporation, in dessen Folge Tausende ihre Arbeit, medizinische Unterstützung und Ersparnisse für die Rente verloren und die Ersparnisse vieler Kleinaktionäre ausgelöscht wurden, ist nur ein Zeichen dafür, dass das System außer Kontrolle ist. Ein System, in dem die Profite der Unternehmen höchste Priorität besitzen, muss irgendwann als verfehlt erkannt werden. Ich weiß nicht, wann die amerikanische Öffentlichkeit das erkennen wird, aber irgendwann wird es geschehen.

In diesen Zeiten, in denen es an Hoffnung zu mangeln scheint, bin ich hoffnungsfroh. Ich vermute, dass meine Hoffnung auf dem fundamentalen Glauben basiert, dass das amerikanische Volk über ein gutes moralisches Bewusstsein verfügt, das hervortreten wird, sobald der Schleier der Propaganda fällt. Meines Erachtens wird es zu einer Neubewertung kommen. Man wird den Leuten Recht geben, die den Krieg als unmoralisch verurteilt haben.

Danksagungen

Wir möchten folgenden Menschen danken: Dan Simon und Greg Ruggiero für die Erkenntnis, dass dieses Projekt politisch bedeutsam und zeitlos ist. Vor allem Dan möchten wir für sein äußerst wichtiges Engagement als Herausgeber danken. Ahmed Shawki, Redakteur der *International Socialist Review*, und Alan Maass, Redakteur des *Socialist Worker*, danken wir für die Ermunterung, diese Interviews durchzuführen, und für die Erlaubnis, Texte abzudrucken, die in ihren Zeitungen erschienen sind; Arundhati Roy dafür, dass sie sich zu Wort gemeldet hat; David Barsamian dafür, dass er auf mehr als eine Weise gezeigt hat, wie man es machen kann; Martin Voelker für seine wertvolle Hilfe, die vielen Stunden von Gesprächen zu Papier zu bringen; Gina Neff für ihre Arbeit am Text; Ashley Smith, Erik Wallenberg und Dan Goossen für die Hilfe beim Vortrag in Burlington, Vermont; Virginia Harabin und Cleve Corner vom Politics and Prose Bookstore; Jenka Soderberg für ihre Mitarbeit an der Diskussion über den Irak; Erik La Porta und der „Media Education Foundation" für die Erlaubnis, Auszüge aus dem Interview von Chyng Sun zu verwenden, das von Miguel Picker gefilmt wurde (mediaed.sitepassport.net); Tonja Loendorf für Hintergrundinformationen des Alternative Radio; Nita Levison, der Rhode Island College Library, Ann Bristow von der Indiana University Library, Daniel Radosh, Joshua Cohen und David Peterson für ihre Mithilfe bei der Zusammenstellung der Literaturhinweise;

Elaine Bernard und dem Harvard University Trade Union Program dafür, dass unsere letzten Interviews in solch angenehmer Atmosphäre stattfinden konnten.

Howard Zinn und Anthony Arnove

Zusätzlicher Dank gilt meinen Eltern, die mich früh gelehrt haben, warum Kriege wie Zyankali sind; meinen Kollegen von South End Press, die es mir ermöglicht haben, dieses Buch in einer stressreichen Zeit herauszubringen; meinen Freunden von der „International Socialist Organization" und der Antikriegsbewegung für die ständige Aufklärung und Zusammenarbeit; Roz und Howard dafür, dass sie Roz und Howard sind; und vor allem Gina, an die ich immer denke.

Anthony Arnove

Anhang: Auszug aus den Genfer Protokollen

„Zusatzprotokoll zu den Genfer Abkommen vom 12. August 1949 über den Schutz der Opfer internationaler bewaffneter Konflikte" (Protokoll 1), 8. Juni 1977. Aus Kapitel 2 („Zivilisten und Zivilbevölkerung"), Artikel 51 („Schutz der Zivilbevölkerung"):

1. Die Zivilbevölkerung und einzelne Zivilpersonen genießen allgemeinen Schutz vor den von Kriegshandlungen ausgehenden Gefahren. Um diesem Schutz Wirksamkeit zu verleihen, sind neben den sonstigen Regeln des anwendbaren Völkerrechts folgende Vorschriften unter allen Umständen zu beachten.

2. Weder die Zivilbevölkerung als solche noch einzelne Zivilpersonen dürfen das Ziel von Angriffen sein. Die Anwendung oder Androhung von Gewalt mit dem hauptsächlichen Ziel, Schrecken unter der Zivilbevölkerung zu verbreiten, ist verboten.

3. Zivilpersonen genießen den durch diesen Abschnitt gewährten Schutz, sofern und solange sie nicht unmittelbar an Feindseligkeiten teilnehmen.

4. Unterschiedslose Angriffe sind verboten. Unterschiedslose Angriffe sind

   a) Angriffe, die nicht gegen ein bestimmtes militärisches Ziel gerichtet werden,

b) Angriffe, bei denen Kampfmethoden oder -mittel angewendet werden, die nicht gegen ein bestimmtes militärisches Ziel gerichtet werden können, oder

c) Angriffe, bei denen Kampfmethoden oder -mittel angewendet werden, deren Wirkungen nicht entsprechend den Vorschriften dieses Protokolls begrenzt werden können

und die daher in jedem dieser Fälle militärische Ziele und Zivilpersonen oder zivile Objekte unterschiedslos treffen können.

5. Unter anderem sind folgende Angriffsarten als unterschiedslos anzusehen:

a) ein Angriff durch Bombardierung – gleichviel mit welchen Methoden oder Mitteln –, bei dem mehrere deutlich voneinander getrennte militärische Einzelziele in einer Stadt, einem Dorf oder einem sonstigen Gebiet, in dem Zivilpersonen oder zivile Objekte ähnlich stark konzentriert sind, wie ein einziges militärisches Ziel behandelt werden, und

b) ein Angriff, bei dem damit zu rechnen ist, dass er auch Verluste an Menschenleben unter der Zivilbevölkerung, die Verwundung von Zivilpersonen, die Beschädigung ziviler Objekte oder mehrere derartige Folgen zusammen verursacht, die in keinem Verhältnis zum erwarteten konkreten und unmittelbaren militärischen Vorteil stehen.

Hinweise auf weiterführende Literatur

Ahmad, Eqbal: *Eqbal Ahmad: Confronting Empire*, hg. von David Barsamian, Cambridge: South End Press 2000

Ahmad, Eqbal: *Terrorism: Theirs and Ours*, New York: Seven Stories Press 2002

Chang, Nancy: *The Silencing of Political Dissent: How the USA PATRIOT Act Undermines the Constitution*, New York: Seven Stories Press 2002

Chomsky, Noam: *9–11*, New York: Seven Stories Press 2001 (deutsch: *The Attack*, Hamburg: Europaverlag 2002)

Chomsky, Noam: *Year 501: The Conquest Continues*, Cambridge: South End Press 2000

Hass, Amira: *Drinking the Sea at Gaza: Days and Nights in a Land Under Siege* (engl. Übersetzung), New York: Henry Holt/Owl Books 2000

Kolko, Gabriel: *Das Jahrhundert der Kriege* (übers. aus dem Englischen), Frankfurt a.M.: S.Fischer 1999

Kolko, Gabriel: *The Politics of War: The World and United States Foreign Policy, 1943–1945*, New York: Vintage 1968

Lens, Sidney: *The Forging of the American Empire: From the Revolution to Vietnam*, New York: Thomas Y. Crowell 1971

Lindqvist, Sven: *A History of Bombing* (engl. Übersetzung), New York: New Press 2001

Rashid, Ahmed: *Taliban: Afghanistans Gotteskrieger und der Dschihad*, München: Droemer 2001 (übers. aus dem Englischen)

Roy, Arundhati: *Power Politics,* Cambridge: South End Press 2001 (2. Auflage)

Said, Edward W.: *Covering Islam: How the Media and the Experts Determine How We See the Rest of the World,* New York: Vintage 1997 (verbesserte Auflage)

Shalom, Stephen R.: *Imperial Alibis: Rationalizing U. S. Intervention After the Cold War,* Boston: South End Press 1993

Zinn, Howard: *Howard Zinn on War,* New York: Seven Stories Press 2001

Anmerkungen

1. 11. September

[1] James P. Pinkerton: „Forget Elway – U.S. Is Throwing the Long Bomb", *Newsday* (New York), 2. Februar 1999, A 36.

[2] Eric Schmitt, James Dao: „U.S. Is Building Up Its Military Bases in Afghan Region", *New York Times*, 9. Januar 2002, A 1; „Preparing for a Long Stay" (Karte), *New York Times*, 9. Januar 2002, A 10; Elena Listvennaya: „U.S. Unit Shows Off New Base in Kyrgyzstan", *Boston Globe*, 10. Januar 2002, A 12.

[3] Marc W. Herold: „A Dossier on Civilian Victims of United States' Aerial Bombing of Afghanistan: A Comprehensive Accounting", Dezember 2001 (www.pubpages.unh.edu/~mwherold/Afghanistan.doc).

[4] Doug McKinlay: „Refugees Left in the Cold at ‚Slaughterhouse Camp'", *Guardian* (London), 3. Januar 2002, 14.

[5] Robert Fisk: „Osama bin Laden: The Godfather of Terror?", *Independent*, 15. September 2001, 7.

[6] Thomas L. Friedman: „U.S. Gulf Policy: Vague ‚Vital Interest'", *New York Times*, 12. August 1990, I 1.

[7] Daniel Altman: „Diagnosis of World's Health Focuses on Economic Benefit", *New York Times*, 21. Dezember 2001, W 1.

[8] Reuters: „Arthur Miller Spurs Invitation by Johnson in Vietnam Protest", *New York Times* (internationale Ausgabe), 28. September 1965, 2.

[9] Edward R. Wolff: *Top Heavy: The Increasing Inequa-*

lity of Wealth in America and What Can Be Done About It*, New York: New Press 2002 (verbesserte Auflage), 8.

10 Noam Chomsky: *9–11* (hg. von Gregg Ruggiero), New York: Seven Stories Press 2001, 48 f.

11 Samuel R. Berger: „Hunting bin Laden" (Fernsehinterview), *Frontline*, PBS, 13. September 2001.

12 Howard Zinn: „Just and Unjust War", in ders.: *Howard Zinn on War*, New York: Seven Stories Press 2001, 178.

13 Jo Thomas: „‚No Sympathy' for Dead Children, Mc Veigh Says", *New York Times*, 29. März 2001, A 12.

14 Scott Simon: „Even Pacifists Must Support This War", *Wall Street Journal*, 11. Oktober 2001, A 22.

15 Eqbal Ahmad: *Confronting Empire* (hg. von David Barsamian), Cambridge: South End Press 2000, 8; Eqbal Ahmad: *Terrorism: Theirs and Ours*, New York: Seven Stories Press 2001.

2. Die Suche nach einer gemeinsamen Basis

16 James Risen: „Taliban Chiefs Prove Elusive, Americans Say", *New York Times*, 20. Dezember 2001, B 1.

17 Associated Press: „Military Response Is Not the Answer, Marchers Declare", 28. Oktober 2001.

18 Devi Athiappan: „Peace Group Reaches Out to Shoppers", *Newsday* (New York), 17. Dezember 2001, A 13.

19 Richard Falk: „Ends and Means: Defining a Just War", *The Nation*, 29. Oktober 2001 (273, Nr. 13), 11–15. Später modifizierte Falk seine Ansichten zum Teil: „Mit jedem Tag, der vergeht, ändert sich meine Einschätzung. Ich komme zu dem Schluss, dass die Ver-

einigten Staaten in Afghanistan einen ungerechten Krieg führen. Und sie tun das auf eine Weise, die wahrscheinlich ernsthafte Rückschläge zur Folge haben wird." Richard Falk: „Falk Replies", *The Nation*, 26. November 2001 (273, Nr. 17), 60f. Siehe auch Howard Zinn: „Letter to the Editor", *The Nation*, 26. November 2001 (273, Nr. 17), 2. Falk schrieb später allerdings, der „rasche Zusammenbruch des Talibanregimes" habe für ihn den „Sinn der Verhältnismäßigkeit von Mitteln und Zwecken" wiederhergestellt. Richard Falk, „In Defense of ‚Just War' Thinking", *The Nation*, 24. Dezember 2001 (273, Nr. 21), 23.

20 Janny Scott: „Closing a Scrapbook Full of Life and Sorrow", *New York Times*, 31. Dezember 2001, B 6.

21 Carla Baranauckas u.a.: „The Victims", *New York Times*, 31. Dezember 2001, B 6.

22 Rebecca Blumenstein: „Many Relatives of Victims Feel Uneasy, Fear Innocent Will Die in Retaliation", *Wall Street Journal*, 8. Oktober 2001, A 8; Leserbrief „Out of the Horror, a Test of Humanity", *New York Times*, 4. Januar 2002, A 20; Jim Rutenberg: „A Handful of the Bereaved Become Advocates for All", *New York Times*, 29. Dezember 2001, B 1.

23 Fairness and Accuracy in Reporting: „Incomplete Portrait", *Extra!*, Januar-Februar 2002 (15, Nr. 1); „Corrections", *New York Times*, 9. Dezember 2001, A 2.

24 Mark Landler: „Sharing Grief to Find Understanding", *New York Times*, 17. Januar 2002, A 16.

25 Pam Belluck: „New Wave of the Homeless Floods Cities' Shelters", *New York Times*, 18. Dezember 2001, A 11.

26 Jim Drinkard: „House OKs $100B for Economy", *USA Today*, 25. Oktober 2001, 5 A.

[27] Seymour Melman: *After Capitalism: From Managerialism to Workplace Democracy*, New York: Knopf 2001.

[28] Peter Novick, *Nach dem Holocaust*, Stuttgart/München: DVA 2001, 284 (übers. aus dem Englischen).

[29] Anthony Lewis: „Dust in Our Eyes", *New York Times*, 4. Dezember 2001, A 21. Die Maßnahme mit dem Titel „The Uniting and Strengthening of America by Providing Appropriate Tools Required to Intercept and Obstruct Terrorism Act" wurde am 26. Oktober 2001 von Bush unterzeichnet. Siehe Adam Clymer: „Bush Quickly Signs Measure Aiding Antiterrorism Effort", *New York Times*, 27. Oktober 2001, B 5.

[30] Nancy Chang and the Center for Constitutional Rights: *The Silencing of Political Dissent: How the USA PATRIOT Act Undermines the Constitution*, New York: Seven Stories Press 2002; Tim Weiner: „The CIA Widens Its Domestic Reach", *New York Times*, 20. Januar 2002, 4; Linda Greenhouse: „In New York Visit, O'Connor Foresees Limits on Freedoms", *New York Times*, 29. Dezember 2001, B 5.

[31] Nancy Chang: *Silencing*, a.a.O., 3 f.

[32] Helen Dewar: „President to Sign Defense Bill", *Washington Post*, 15. Dezember 2001, A 7; Mark Mazzetti: „How to Fight in the Future", *The Economist*, Sonderausgabe mit dem Titel *The World in 2002*, 56.

[33] James Dao: „Reprieve for Pentagon Budget", *New York Times*, 25. Januar 2002, A 18.

[34] Jacob M. Schlesinger: „As Budget Deficits Loom, Many Promises, Programs Could Suffer", *Wall Street Journal*, 24. Januar 2002, A 1; Robert Pear, Robin Toner: „Grim Choices Face States in Making Cuts in Medicaid", *New York Times*, 14. Januar 2002, A 1.

35 Leitartikel „Aid for the Poor", *Financial Times* (London), 19. Juli 2001, 20.

36 John Donnelly: „US Urged to Fund AIDS War in Africa", *Boston Globe*, 16. März 2001, A 1.

37 Leitartikel „Mr. Bush's New Gravitas", *New York Times*, 12. Oktober 2001, A 24.

38 Jerry L. Martin, Anne D. Neal: *Defending Civilization. How Our Universities Are Failing America and What Can Be Done About It*, Washington: ACTA 2001, 3 (auch im Internet unter www.goacta.org/Reports/defciv.pdf); Emily Eakin: „On the Lookout for Patriotic Incorrectness", *New York Times*, 24. November 2001, A 15.

39 John Ashcroft: „Excerpts From Attorney General's Testimony Before Senate Judiciary Committee", *New York Times*, 7. Dezember 2001, B 6.

40 Martin, Neal: *Defending Civilization*, a.a.O., 20; Eakin: „Patriotic Incorrectness", a.a.O., A 15.

41 David J. Garrow: *The FBI and Martin Luther King Jr.: From ‚Solo' to Memphis*, New York: W. W. Norton 1981, 49.

3. *Eine friedfertige Nation?*

42 George Bush: „Bush's Remarks on U. S. Military Strikes in Afghanistan", *New York Times*, 8. Oktober 2001, B 6.

43 Vincent Jauvert, „Oui, la CIA est entrée en Afghanistan avant les Russes ..." (Interview mit Zbigniew Brzezinski), *Nouvel Observateur*, Januar 1998 (Nr. 1732) (im Internet unter www.archives.nouvelobs.com).

[44] John Kifner: „Forget the Past: It's A War Unlike Any Other", *New York Times*, 23. September 2001, Teil 4, 8.

[45] Eduardo Galeano: *Die Füße nach oben: Zustand und Zukunft einer verkehrten Welt*, Wuppertal: Hammer 2000, 209 (übers. aus dem Spanischen).

[46] SOA Watch (www.soaw.org); Frida Berrigan: „Beyond the School of the Americas", Arms Trade Research Center, World Policy Institute, Mai 2000; Dana Priest: „U.S. Instructed Latins on Executions, Torture; Manuals Used 1982–91, Pentaton Reveals", *Washington Post*, 21. September 1996, A 1; Tina Rosenberg: „Another Hallowed Terror Ground", *New York Times Magazine*, 13. Januar 2002, 6. Teil, 26.

[47] Henry A. Kissinger: „The Pitfalls of Universal Jurisdiction", *Foreign Affairs*, Juli-August 2001 (Jg. 80, Nr. 4), 86.

4. *Die Notwendigkeit abweichender Meinungen*

[48] George W. Bush: „September 11, 2001, Terrorist Attacks on the United States" (Rede vor dem Kongress), *Federal News Service*, 20. September 2001.

[49] Andrew Sullivan: „America at War: America Wakes Up to a World of Fear", *Sunday Times* (London), 16. September 2001.

[50] Richard L. Berke: „Bush ‚Is My Commander', Gore Declares in Call for Unity", *New York Times*, 30. September 2001, 1. Teil, 29.

[51] Jim Rutenberg, Bill Carter: „Draping Newscasts With the Flag", *New York Times*, 20. September 2001, C 8; Dan Rather: „America's New War: Healing the

Wound in America's Heart" (Interview mit Larry King), *Larry King Live*, CNN, 4. Oktober 2001.

52 Ed Hayward: „High School Speech by Peace Prof. Raises Ire", *Boston Herald*, 20. November 2001, 7.

53 Howard Zinn: *A People's History of the United States. 1492–Present*, New York: HarperCollins 1999.

54 *Newton Tab*, 5. Dezember 2001, 8–11.

55 Fareed Zakaria: „The Politics of Rage: Why Do They Hate Us?", *Newsweek*, 15. Oktober 2001, 22.

56 Ahmed Rashid: *Taliban: Militant Islam, Oil, and Fundamentalism in Central Asia*, New Haven: Yale University Press/Nota Bene 2000 (deutsch: *Taliban: Afghanistans Gotteskrieger und der Dschihad*, München: Droemer 2001).

57 Stephen R. Shalom: *Imperial Alibis: Rationalizing U.S. Intervention After the Cold War*, Boston: South End Press 1993.

58 John Reed: „Whose War?" (1917), in John Newsinger (Hg.): *Shaking the World: John Reed's Revolutionary Journalism*, Chicago: Bookmarks 1998, 93.

59 David McCullough: *John Adams*, New York: Simon & Schuster 2001.

60 The Espionage Act, H. R. 291, 65th Congress, 1st session, ch. 30 (15. Juni 1917).

61 Zitiert nach der deutschen Übersetzung von Udo Sautter: *Geschichte der Vereinigten Staaten von Amerika*, Stuttgart: Kröner 1998, 571f.

62 Frederick Douglass: „The Meaning of July Fourth for the Negro", in ders.: *Selected Speeches and Writings* (hg. von Philip S. Foner), Chicago: Lawrence Hill Books 1999, 190.

63 Elisabeth Bumiller: „Military Tribunals Needed in Difficult Time, Bush Says", *New York Times*, 20. Novem-

ber 2001, B 5; William Safire: „Seizing Dictatorial Power", *New York Times*, 15. November 2001, A 31.

64 Elisabeth Bumiller: „Putting Name to Bush Justice Dept.: Kennedy", *New York Times*, 21. November 2001, A 14.

65 Safire: „Seizing", a.a.O., A 31.

66 Elisabeth Bumiller: „Bush Keeps a Grip on Presidential Papers", *New York Times*, 2. November 2001, A 22.

67 Alan Duke: „Doubts Plagued LBJ on Vietnam Early in the War", CNN, 15. Februar 1997; Michael B. Beschloss: *Reaching for Glory: Lyndon Johnson's Secret White House Tapes, 1964–1965*, New York: Simon & Schuster 2001.

68 David E. Sanger: „New Tapes Indicate Johnson Doubted Attack in Tonkin Gulf", *New York Times*, 6. November 2001, A 18.

5. *Krieg gegen Zivilisten*

69 Gabriel Kolko: *Das Jahrhundert der Kriege*, Frankfurt a. M.: S. Fischer 1999, 387 (übers. aus dem Englischen).

70 Sven Lindqvist: *A History of Bombing*, New York: New Press 2001, 5 (übers. aus dem Schwedischen).

71 Ebd., 83–104.

72 Ebd., 91.

73 Ebd., 107.

74 Alfonso A. Narvaez: „Gen. Curtis LeMay, an Architect of Strategic Air Power, Dies at 83", *New York Times*, 2. Oktober 1990, B 6.

75 Barton Gellman: „U.S. Bombs Missed 70 % of Time", *Washington Post*, 16. März 1991, A 1.

[76] Barton Gellman: „Allied Air War Struck Broadly in Iraq", *Washington Post*, 23. Juni 1991; Gellman: „U.S. Bombs Missed", a.a.O., A 1.

[77] Kirk Johnson: „Afghan Caves, an Egyptian Courtroom and the Trade Center Toll", *New York Times*, 21. November 2001, B 1; Elizabeth Becker, Eric Schmitt: „U. S. Places Bomb a Red Cross Site", *New York Times*, 27. Oktober 2001, A 1.

[78] Indira A. R. Lakshmanan: „UN's Peaceful Mission Loses 4 to War", *Boston Globe*, 10. Oktober 2001, A 1.

[79] Tim Wiener: „U.S. Bombs Hit 3 Towns, Afghans Say", *New York Times*, 2. Dezember 2001, B 2; Tim Wiener: „Villagers Yearn for the Old, Eternal Afghanistan", *New York Times*, 3. Dezember 2001, B 5.

[80] David Shaw: „Media Under Public Barrage Over Content of War Coverage", *Los Angeles Times*, 18. November 2001, A 8; Gay Alcorn: „News of Afghan Dead Is Buried", *The Age* (Melbourne), 12. Januar 2002, 17.

[81] Jim Mannion: „Pentagon Acknowledges Bomb Went Astray in Kabul, Herat", Agence France-Presse, 24. Oktober 2001.

[82] Carol Morello: „Tight Control Marks Coverage of Afghan War", *Washington Post*, 7. Dezember 2001, A 43; Patrick E. Tyler: „Powell Says U.S. Will Stay in Iraq ‚For Some Months to Come'", *New York Times*, 23. März 1991, 1. Teil, 1.

[83] Said Mohammad Azam: „UN Says US Bombs Struck Mosque, Village as Civilian Casualties Mount", Agence France-Presse, 25. Oktober 2001.

[84] John Donnelly: „Unintended Victims Fill Afghan Hospital", *Boston Globe*, 5. Dezember 2001, A 1.

85 Barry Bearak: „In Village Where Civilians Died, Anger Cannot Be Buried", *New York Times*, 16. Dezember 2001, 1. Teil, B 3.

86 Morello: „Tight Control", a.a.O., A 43; Michael R. Gordon: „Military Is Putting Heavier Limits on Reporters' Access", *New York Times*, 21. Oktober 2001, 1. Teil, B 1.

87 Jules Crittenden: „‚Air Supremacy' Achieved", *Boston Herald*, 10. Oktober 2001, 3.

88 Howard Zinn: „One Iraqi's Story", in Anthony Arnove (Hg.): *Iraq Under Siege: The Deadly Impact of Sanctions and War*, Cambridge: South End Press 2000, 105.

89 Jeff Cohen, Norman Solomon: „Smithsonian Bows to Media Onslaught", *Seattle Times*, 14. Februar 1995, B 5; Anthony Shadid: „Bombed Village Is Testimony to Risks to Civilians", *Boston Globe*, 10. Januar 2002, A 1.

6. *Die Logik des Krieges*

90 Mark Binelli u.a.: „Howard Zinn", *Rolling Stone*, 30. Dezember 1999–6. Januar 2000, 66; Bob Dylan: „Masters of War", in *Lyrics*, 1962–1985, New York: Knopf 1985, 56.

91 Bob Dylan: „George Jackson", in *Lyrics*, 302; Bob Dylan, Jacques Levy: „Hurricane", in *Lyrics*, 375–377; Bob Dylan: „The Death of Emmett Till", in *Lyrics*, 20.

92 Bob Dylan: „Blowin' in the Wind", in *Lyrics*, 53; Bob Dylan: „John Brown", in *Lyrics*, 46 f.

93 Bob Dylan: „With God on Our Side", in *Lyrics*, 93.

94 Ronald Reagan: „Thanksgiving Day, 1986", *Christian Science Monitor*, 14. November 1986, 6.

[95] Kenneth R. Bazinet: „A Fight Vs. Evil, Bush and Cabinet Tell U.S.“, *Daily News* (New York), 17. September 2001, 8.

[96] Eugene Debs: „EVD to New York Sun“ (29. November 1915), in J. Roberts Constantine (Hg.): *Letters of Eugene V. Debs, Vol. 2: 1913–1919*, Urbana: University of Illinois Press 1990, 205.

[97] Dwight D. Eisenhower: „The Chance for Peace“, Rede vor der American Society of Newspaper Editors, Washington, D.C., 16. April 1953.

[98] Rosa Luxemburg: „Friedensutopien“ (1911), in dies.: *Gesammelte Werke, Band 2* (1906 bis Juni 1911), Berlin: Dietz 1972, 494.

7. *Nicht in unserem Namen*

[99] Mark Twain: „The War Prayer“, in Janet Smith (Hg.): *Mark Twain on the Damned Human Race*, New York: Hill and Wang 1994, 67; vgl. Helen Scott: „The Mark Twain They Didn't Teach Us About in School“, *International Socialist Review*, Winter 2000 (Nr. 10), 61-65.

[100] R.W. Apple Jr.: „A Military Quagmire Remembered: Afghanistan as Vietnam“, *New York Times*, 31. Oktober 2001, B 1; John M. Anspacher: „U.S. ‚Advisers‘: A Tale of Saigon“, *New York Times*, 2. Nov. 2001, A 24; Michael R.Gordon, Steven Lee Myers: „U.S.Will Increase Number of Advisers in Afghanistan“, *New York Times*, 1. November 2001, A 1; James Brooke: „Unease Grows in Philippines on U.S. Forces“, *New York Times*, 19. Jan. 2002, A 1; Leitartikel „Chasing Abu Sayyaf“, *Boston Globe*, 25. Januar 2002, A 22.

101 Zinn: *A People's History*, a.a.O., 539f.

102 Peter Appleborne: „War Heals Wounds at Home, But Not All", *New York Times*, 4. März 1991, A1.

103 Peter Jennings: *World News Tonight*, ABC, 11. Januar 1991.

104 Howard Zinn: *Declarations of Independence: Cross-Examining American Ideology*, New York: Harper Perennial 1991, 242.

105 John Hope Franklin, Alfred A. Moss Jr.: *From Slavery to Freedom. A History of African Americans*, New York: McGraw-Hill 1994 (7. Auflage), 412; Mary L. Dudziak: *Cold War Civil Rights: Race and the Image of American Democracy*, Princeton: Princeton University Press 2000, 131.

106 Aaron Bernstein: „Too Much Corporate Power?" *Business Week*, 11. September 2000 (Nr. 3698), 144.

107 Ignazio Silone: *Fontamara*, London: Red Words 1994, 177 (deutsche Übersetzung aus dem Italienischen: *Fontamara*, Frankfurt a. M.: Büchergilde Gutenberg 1963).

108 Seumas Milne: „The Innocent Dead in a Coward's War: Estimates Suggest US Bombs Have Killed at Least 3,767 Civilians", *Guardian* (London), 20. Dezember 2001, 16; Herold: „A Dossier on Civilian Victims", a.a.O [Anm. 3].

Wege zum Dialog

Eugen Drewermann
Krieg ist Krankheit, keine Lösung
Eine neue Basis für den Frieden
Im Gespräch mit Jürgen Hoeren
192 Seiten, gebunden mit Schutzumschlag
ISBN 3-451-27857-X

Die Spirale der Gewalt muss durchbrochen werden. Die aktuelle Diskussion vor dem Hintergrund engagierter Spiritualität.

Peter Heine
Terror in Allahs Namen
Extremistische Kräfte im Islam
Band 5240

Ein Kenner der islamistischen Szene über die Hintergründe. Ein Buch zur Klärung und Aufklärung.

Peter Heine
Kulturknigge für Nichtmuslime
Ein Ratgeber für den Alltag
Band 5144

Informationen über Kultur- und Wertvorstellungen. „... gescheit und kurzweilig zugleich" (Der Spiegel).

Ursula Spuler-Stegemann
Muslime in Deutschland
Informationen und Klärungen
Band 5245

„Das sollte man gelesen haben: Das mit Abstand beste Werk über Muslime in Deutschland" (BZ).

Robert Leicht
Wer's glaubt, wird selig
Einmischungen zur Zeit
Band 5328

Korruption, religiöser und politischer Fundamentalismus, die Versuchung der Politiker durch die Macht – der ehemalige Chefredakteur der ZEIT bezieht Stellung.

HERDER

Gegen die Gewalt

Thea Bauriedl
Wege aus der Gewalt
Die Befreiung aus dem Netz der Feindbilder
Band 5147

Die Autorin beschreibt Wege, um Konflikte auszutragen und frei zu werden von Feindbildern.

Gisela Blümmert
Schweigend wegschauen?
Was tun, wenn mir Gewalt begegnet
Band 5231

Dagegen vorgehen, ohne sich selbst zu gefährden, sachlich bleiben, überzeugend reagieren und das Richtige tun. Zivilcourage – engagiert, souverän und sicher.

Christoph Butterwegge
Rechtsextremismus
Band 5229

Wie lässt sich diese Gewalt erklären? Und wie lässt sie sich bekämpfen? Das Informationsbuch zur umfassenden Orientierung.

Eugen Drewermann
Die Spirale der Angst
Der Krieg und das Christentum
Band 4003

Ein Buch für eine neue Qualität des Zusammenlebens in Politik, Gesellschaft und Religion.

Arno Gruen/Doris Weber
Hass in der Seele
Verstehen, was uns böse macht
Band 5154

Gruen geht der Frage nach dem Bösen in uns nach. Er erläutert seine Thesen anhand der aktuellen Gewalt von rechts und zeigt Wege aus dem Hass auf. „... eine Pflichtlektüre" (Welt am Sonntag).